BIOGRAPHIC
REMBRANDT

伦勃朗传

[英] 索菲·柯林斯　著
顾芸培　译

江西美术出版社
全国百佳出版单位

标志性

当我们可以通过一系列标志性图像辨识出一位艺术家时，我们也就知道了他对我们文化和思想的影响到底有多深。

介绍

每个人自认为他们了解伦勃朗。他在记录中拥有约90幅自画像，其中有一部分属于被临摹最多的油画。借此，我们不仅能够得知他的容貌，还能够像他的亲密朋友一样看到他逐渐成长并衰老。我们可以看见这是一位自信而胸怀大志的年轻画家；进而，是一位功成名就、富有学识的大师；之后，是一位失去了梦想，却未曾磨灭其人性的老者——这也是他为肖像画所做出的不朽贡献之一。

然而，是什么使他具有如此高的辨识度？他的生活又以何种面貌和方式呈现在了他的画作中？他刚去世后的几年中，有个别爱说长道短的传记作者对他的技巧和人格都作出了不甚满意的评价，但除此之外，他不朽的盛名一直流传至三个世纪后。

“在这两幅画中，我捕捉（并渲染）了最为深切而真实的情感。这同时也是它们不得不在我手中停留如此之久的主要原因。”

——伦勃朗如是在一封信中向他的赞助人康斯坦丁·惠更斯解释画作被延迟运送的原因。写于1639年1月12日。

对当下的观赏者们而言，在画中能体会到这种熟悉感是十分罕见的：尽管我们也十分欣赏与伦勃朗时代相近的画家们的作品，例如凡·戴克和鲁本斯的肖像画或自画像，但它们并没有像伦勃朗的作品那样，在一瞬间就能让我们感受到患难与共的情谊。凡·戴克和鲁本斯似乎并不会像伦勃朗一样，令位于不同地点、个性迥异的观赏者们跨越时空，置身于画中人物所在之处——坐在其中的可能是伦勃朗的妻子、情人、儿子或是赞助人。为了邀请这位当时最负盛名的艺术家给自己画像，这些赞助人们所支付的金钱已经超出了市场价格。

但是，与画作一同留传下来的文字信息却并不多。伦勃朗几乎只通过他的作品向我们传递信息——其余，保存到今天的书信寥寥无几，并且其内容都是关于他在工作中所遇到的商业问题。尽管如此，我们对伦勃朗的一生却知之甚详：他先是在早年接受了绘画训练，并迅速走红；之后娶了一位千金小姐为妻，但这位妻子骤然离世，他们共同孕育的四个孩子也夭折了三个，这令伦勃朗心痛不已。接下来，他接连有过两段婚姻，最后一位妻子陪伴他走过了剩下的人生时光。晚年时，他因为个人悲剧和经济困难而深陷苦难之中。

然而，这些困境非但没有影响到伦勃朗的创作，反而使得他在画布或蚀刻板上愈加挥洒自如地描绘人生，并如实地将所受到的苦难还原到了画作中。当时，有人崇尚法国及意大利画家们的精致风格，因此对伦勃朗“画其所见”的固执发出了嘲讽；同时，伦勃朗众多学生中的某些人开始散播谣言，重复着他们的老师“贪财却无知”的无聊故事。深陷于漩涡中心的伦勃朗却笑到了最后——他在画布上记录了自己所经历的成功、失败、爱情、死亡、青春以及衰老，甚至直到生命的最后一刻，被留在画架上的那幅遗作也尚待完成。

“……圣经故事、公牛残骸、裸体女子、他自己的画像——这些都展现了包容万物的悲悯情怀。尽管从事于另一种艺术，大概只有莎士比亚能够拥有与之匹敌的宇宙智慧了。”

——赫伯特·里德爵士，艺术评论家，1957年

此外，我们还能得知伦勃朗的哪些信息呢？我们可以了解他进行艺术创作的时代语境，以及17世纪中期荷兰共和国人们的生活状况：例如，作为画室学徒的生活是怎样的？画家可以获得多少酬劳（针对能够获取更多回报的委托）；当时十分热门的团体肖像画要如何委托？画家用什么手段——或许包括使用旧衣服和盔甲——才能令《圣经》和神话题材的画作永葆新意？我们可以进入伦勃朗的故居，审视他曾拥有的物件——从古典的雕塑，到肮脏的衣物。我们可以想象出这样的场景：他在去世前几乎失去了所有于他而言重要的人，同时他的作品从时尚顶峰跌落，沦为了明日黄花。如果我们设身处地地感受了他的生活，我们就能在重新欣赏他的作品时有新的认识——甚至对他影响深远的成就怀有更高的赞赏。

“这位大师只有在画作中实现了自己的意图后，作品才能被宣告完成。”

——阿诺德·豪布拉肯，
在伦勃朗去世后对他给予的评价。

伦勃朗·凡·莱因

01 生活

“伦勃朗深深地沉浸在神秘之中，以至于他所表达的内容在其他任何一种语言中都无法找到相应的词汇……”

——文森特·凡·高给提奥·凡·高的信，写于1885年10月。

伦勃朗·哈尔曼松·凡·莱因

在1606年7月15日出生于莱顿。这座城市位于尼德兰七省联合共和国——更普遍地被称为荷兰共和国。

伦勃朗据传是哈曼·赫利·凡·莱因10个孩子中的第9个。他的父亲是一位磨坊主，母亲奈尔根·威廉斯·凡·舒德布鲁克是面包师的女儿。现在认为，这个家庭中曾有7个孩子顺利长大成人。夫妻二人均出生于安稳舒适的工人阶级，悉心照料着孩子们长大，同时也对他们的前程给予关注。伦勃朗在富有声望的拉丁文学校就读4年后，被送入了位于莱顿的大学。然而，就如同首个为他进行传记性记录的作家詹次·欧勒斯所叙述的一样："他生而注定会被指引走上绘画艺术的道路。"伦勃朗最后很快便转入了一位艺术家的工作室，从基础开始逐步学习他所选择的这项伟大事业。

同样出生于莱顿的**扬·斯特恩**▶（1626—1679）是一位与伦勃朗同时期的热门流派画家。

1606年的世界

12月

来自伦敦股份公司的三艘船只从英格兰出发，展开远航，旨在前往弗吉尼亚建立殖民地（他们在一年后的4月到达了切萨皮克湾）。

1月

葡萄牙航海冒险家佩德罗·费尔南德斯·德·基罗斯接受了来自西班牙的资助，得以进行跨太平洋航行。他试图探寻澳大利亚，在这一过程中还发现了若干个岛屿——它们在之后被命名为皮特凯恩群岛。

5月

画家卡拉瓦乔在一场争执中杀死了拉努乔·托马索尼。

在伦勃朗出生时的过去近40年里，荷兰人民一直生活在战火之中，为脱离西班牙的统治并获得独立而不断进行斗争。这段漫长的岁月被后人称为80年战争，在伦勃朗出生后又持续了40年。经过几场大捷，尼德兰七省联合共和国在1581年成立，荷兰本土所受到的主要威胁得以大幅缓和。1606年，荷兰共和国通过发展贸易和经济使得国家变得欣欣向荣，并且在伦勃朗的一生中都保持着这番繁荣的景象。因为没有记录显示伦勃朗进行过长途旅行，所以他只能间接知晓当时发生在异国他乡的事件。

8月

莎士比亚的戏剧《麦克白》在汉普敦宫举行首演。英国国王詹姆斯一世也观看了这场演出。

荷兰制图家约道库斯·洪第乌斯绘制了一幅新的日本地图。这是日本即将开始持续两个世纪闭关锁国之前的最后一幅地图，也是新的荷兰版墨卡托地图集中37幅新地图的其中之一。

5月

俄罗斯沙皇季米特里二世（又被称为“伪季米特里”）在他的婚礼庆典上被谋杀，成为了内战的导火索。

8月

在拉查多海角战役中，荷兰舰队被葡萄牙人击败。

1月

一手策划了火药阴谋的盖伊·福克斯和他的7名同伙在伦敦威斯敏斯特宫被处决。

4月

荷兰舰队在印度西岸的果阿邦建立了新的封锁，以此进一步与葡萄牙争夺对印度沿海及东印度群岛周边贸易的控制权。

2月

荷兰航海家威廉·扬松登上约克角半岛，创造了欧洲人首次登陆澳大利亚的纪录。

父亲
哈曼·赫利·凡·莱因
（1568—1630）
杰瑞特·凡·莱因
（约1590—1631）
阿德里安·凡·莱因
（去世于1652年）
威廉·凡·莱因
（约1603—1655）
妻子
莎斯姬亚·凡·优伦堡
（1612—1642）
伦勃朗·哈尔曼松·凡·莱
（1606—1669）
伦伯图斯·凡·莱茵
（1635—1636）
科妮莉亚·凡·莱因
伦勃朗夫妇的另一个女儿
也拥有同样的名字
（出生并过世于1640年）
科妮莉亚·凡·莱因
（出生并过世于1638年
提图斯·凡·莱因
伦勃朗夫妇唯一长大成人的子
尽管最后他还是先于自己的
离开了人世。（1641—1668
玛格达列娜·凡·罗
（1641—1669）
蒂蒂亚·凡·莱因
（1669—1715）

伦勃朗家谱

伦勃朗的双亲或许并未接受过教育——尽管一些证据表明他们都能识字——但两人仍然对于孩子们的前程感到肩负责任。对于他们几位后代的记录十分有限（他们可能有10个孩子，据传其中的7人顺利度过了婴儿期），但目前所知的一切细节均显示，其中的每个人都能自由寻找适合自己天分的工作。他们的其他两个儿子一个继承了父亲磨坊主的职业，另外一个则成为了鞋匠。只有伦勃朗拥有能够走上艺术道路的显著天赋，并在生命中一直被视为职业画家。

天时地利

1606

伦勃朗·凡·莱因于7月15日出生于荷兰共和国繁荣的莱顿。

1615

伦勃朗在莱顿的拉丁文学校入学。

1620

14岁时，伦勃朗的名字被列在莱顿大学的登记簿上，但他貌似很少出席课堂。

1631

伦勃朗迁至阿姆斯特丹，以亨德里克·凡·优伦堡的一间屋子作为工作室。他的伙伴扬·列文斯前往英格兰工作。

1631

伦勃朗为阿姆斯特丹人尼古拉斯·鲁特（右图）绘制了他的第一幅知名肖像画。

1634

伦勃朗和莎斯姬亚·凡·优伦堡成婚。他成为了阿姆斯特丹市民，并加入了镇上的职业画家公会——圣卢克行会。

1635

伦勃朗和莎斯姬亚搬到了位于新多伦街的一栋房子里。当年12月，莎斯姬亚生下了伦伯图斯，但这个孩子仅仅存活了8周。

1638

7月，伦勃朗和莎斯姬亚的第二个孩子科妮莉亚出生了，但她也只在世上停留了1个月。

伦勃朗出生于最适宜他施展才华的时间和地点。他的幸运之处不仅在于他的父母致力于培养孩子们的天分，还在于虔诚而富有的荷兰市民们。他们正享受着空前的经济发展，以及随之而来的在过去只有皇宫贵族才能够得到的一些商品。他们渴望用艺术品装饰墙壁，同时也想要获得自己的肖像画，以此来记录下他们成功的人生。恰好的是，这位来自莱顿的年轻画家懂得变通，并且被证明确实拥有满足他们这些诉求的能力。

约1621

在莱顿，伦勃朗以学徒的身份加入了雅各布·伊萨克松·凡·斯万宁堡的画室，并在这里进行了为期约三年的学习。

1624

来到阿姆斯特丹后，伦勃朗在彼得·拉斯特曼的画室工作了6个月。在解除了与拉斯特曼的雇佣关系之后，他可能曾和艺术家雅各布·皮纳斯工作过。

1625

伦勃朗回到莱顿建立了自己的画室，和他的艺术家好友扬·列文斯共用。

1630

4月，伦勃朗的父亲过世。

约1628

伦勃朗创作了《伊玛努斯的晚餐》和一些早期的自画像。

约1628

伊萨克·乔德尔维尔和年轻的格里特·德奥作为学生进入了伦勃朗的画室，他们之后因擅长描绘室内景物而闻名。

1639

伦勃朗和妻子一起搬入了位于圣安东尼宽街的住宅里，同年完成了“受难记”系列。

1640

伦勃朗和莎斯姬亚的第二个女儿科妮莉亚出生，她的名字与这对夫妇的前一个女儿相同。但是没过几周，这个孩子便夭折了。同年九月，伦勃朗的母亲过世。

1641

9月，伦勃朗和莎斯姬亚的儿子提图斯出生。在这对夫妻所孕育的4个孩子中，只有他最后长大成人。同年，伦勃朗开始创作《夜巡》。

画室学徒的工作

根据相关信息，伦勃朗在1621年师从于莱顿著名画家凡·斯万宁堡，开始了他的学徒生涯。他大概在14或15岁的时候成为了一名合格的学徒，并在1624年转入了位于阿姆斯特丹的彼得·拉斯特曼的画室，到了更晚的时候才建立了自己的画室。伦勃朗雇佣了大量的学生和学徒。在这两者之中，尽管优秀的学生通常能够优先帮助老师绘制订购的画作，并可以在创作室内学习专业技能，但学徒和老师的关系仍然更为复杂。在享有这些特权的同时，学生们也需要为此支付费用。所以，一位画家如果足够精明的话，只需要招收小部分学生就可以从他们手中获得大量额外收入。

男孩们开始学徒生涯的年龄

大于10

学徒期的时长

4－6年

培养一名学徒每年大约需要花费

20荷兰盾

这个数字仅针对居住在自己家中的学徒。若寄宿在老师家中，开销则会更大。例如伦勃朗这样被人们公认的大师可能会收取更多费用。所以，相较普通学校2—6荷兰盾的收费而言，绘画的学习费用可谓十分昂贵。

日常杂务包括

保持画室干净和整洁。

研磨制颜料用的色块。

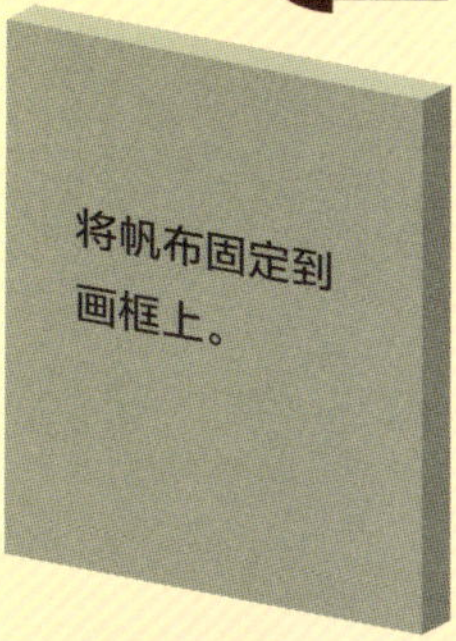

准确地将新鲜颜料放在调色板上，以便老师手持使用。

技巧

首先，学徒们需要临摹素描或版画。

能够熟练地临摹之后，他们开始进行模型的素描写生。这个阶段的写生对象以古典雕塑为主。

学徒们在模型写生方面小有所成，就可以开始对着动物或人体模特进行素描写生了。

当掌握了以上所有技巧之后，他们将临摹现有的画作，其中多数是他们老师的作品。学徒完成的作品如果足够优秀，就可以出售获得额外收入。

加入行会：

6

学徒们若是想获得加入圣卢克行会的资格，必须接受过6年的正式训练。

作为行会成员的画家每年通常可以赚取

1150－1400

荷兰盾。而一名接受过训练的木匠年收入仅在300—400荷兰盾左右。

作为一名功成名就的大师，伦勃朗比普通画家拥有更高的收入。一幅中等大小的肖像画委托的价值可能就高达

500 荷兰盾

同时，他每年有约

2500 荷兰盾

的收入来自于招收学徒的学费。

伦勃朗的女人们

与伦勃朗同时期的一些评论家们更是自命不凡地指摘他对女性的描绘。他们想知道为什么伦勃朗在描绘古典或圣经人物，例如达娜厄和拔示巴的时候，竟赤裸裸地为她们添上了坑坑洼洼的膝盖、下垂的胸脯、吊带袜露出的痕迹以及双下巴。然而，现代人的视角与此则完全不同：伦勃朗所描绘的是在日常环境下拥有体温和实感的、确实存在着的女人们。并且，就如同他经常为自己画像一样，他也以身边的女性们作为模特。因此，我们能经常在画中看到这三位对伦勃朗来说至关重要的女性——莎斯姬亚、吉尔蒂，以及亨德里克耶。那么，他和这三位女性的三段关系，是否都一样的圆满呢？

莎斯姬亚·凡·优伦堡

1612—1642

和伦勃朗的关系？

妻子。莎斯姬亚是伦勃朗的同事亨德里克·凡·优伦堡的表亲，并且是一位女继承人。

是否富有？

是的。莎斯姬亚为这段婚姻带来了金钱以及其他财物。甚至在她去世之后，她所继承的财富仍然是伦勃朗收入的一部分。

是否有孩子？

是的。但是莎斯姬亚所生育的四个孩子中，只有提图斯顺利长大成人。

感情如何？

无论是在油画、蚀刻版画，还是在素描作品中，都能看到两人之间热切的爱恋和对生命中美好事物的共同享受。

吉尔蒂·迪克斯

约1610/1615年—约1656年

和伦勃朗的关系?
女仆和情妇。大约在1642或1643年，已经守寡的她作为提图斯的保姆来到了伦勃朗家。

是否富有?
不。她作为雇员进入了家中，在莎斯姬亚去世后被雇佣照看尚在襁褓之中的提图斯。她似乎十分看重金钱，在终止和伦勃朗的关系之时还索取了大量钱财。

是否有孩子?
无。

感情如何?
两人间基本没有感情。她在1649年与伦勃朗发生争执，并且以后者打破了曾经的婚约为由发起了诉讼。

亨德里克耶·施托费尔斯

1626—1663

和伦勃朗的关系?
女仆、情妇和普通法意义上的妻子。在1646年到1649年之间，尚为单身的她作为女管家来到了伦勃朗家中，负责照料提图斯。

是否富有?
不。亨德里克耶是作为雇员进入伦勃朗家的。

是否有孩子?
两人育有一个名为科妮莉亚的女儿。

感情如何?
两人维持了一段持久的亲密关系，但其中显然也充满了坎坷。伦勃朗很有可能从未与她结婚，否则他将失去来自莎斯姬亚的遗产。情妇的身份令亨德里克耶曾一度受到当地教会的谴责，但几年后，她以半官方的身份，即作为这位画家普通法意义上的妻子得到了认可。

位于宽街的住所

伦勃朗的住宅来自于一位慷慨的卖砖商人，早在1639年就为这栋房屋办理了按揭，之后在此居住了近20年。对这座屋子的所有权标志着他在社会中已经成为了备受瞩目的成功画家以及显赫的人物。房子的大小、款式和地理位置反映出他所获得的地位，同时也为他的家人和仆人提供了充足的生活空间，另外还附带了精致的画室和能够安置他大量奇珍异宝的储藏室。由于他的理财能力无法维持家中所有人员的开销并继续支付按揭费用，最终导致了他财务状况的崩溃。

房屋修复

在19世纪，这幢房屋一直没有得到很好的维护，直到1908年和1911年才进行了两次全面的修复，此后便被改造成了博物馆。1998—1999年间，它接受了全面的现代化整改，部分房间参照伦勃朗所生活的时代重新配置了家具，其中就包括存放了伦勃朗所收藏的古董和艺术品的艺术室。

伦勃朗的家，
犹太宽街4号
（原为圣安东尼宽街
的一部分）
阿姆斯特丹

建于：
1606

伦勃朗在此
居住的时间：
1639
–1658

在1639年时
的价格：
13000
荷兰盾

生无所息

传记作者们常常将伦勃朗的一生划分为两个截然不同的时期——辉煌时期包括了他在专业领域的年轻有为、大量积聚的财富，还有和莎斯姬亚幸福美满的婚姻；在年轻的妻子去世之后，他就跌入了灰暗时期，铺张浪费的习惯和暗中蓄力的厄运正剑指他所拥有的幸福，并且他在艺术领域的金字招牌也变得黯淡无光。真实的情况却比这种概括更为复杂。即使处于困境甚至是悲剧之中，伦勃朗仍然能够获得灵感，而且在某些绘画领域达到贯穿其一生的成就。例如，他的蚀刻版画在其有生之年内持续热销，甚至在生命的最后几个月里也还收到了委托。

约1646—1649

亨德里克耶·施托费尔斯作为提图斯的看护来到了伦勃朗家中。

1648

宏伟的阿姆斯特丹新市政厅开始建设。

1649

吉尔蒂·迪克斯以伦勃朗背弃誓言为由提出诉讼，两人争执不休。

伦勃朗不得不支付给她每年60荷兰盾作为赡养费

1654

10月，亨德里克耶·施托费尔斯产下伦勃朗的女科妮莉亚。

伦勃朗为扬·斯克思绘制了肖像（如上图）。

1656

伦勃朗创作了《迪曼医生的解剖学课》。

伦勃朗的财务状况临近崩溃，被迫宣告破产。

他所坐拥的个人资产明细留存至今。

拍卖商Th. J. 哈林开始着手出售伦勃朗的所有物。

1658

举办了伦勃朗的房屋和其他所有物的拍卖会。

提图斯和亨德里克耶共同创立了一家艺术经销公司。

在破产清算的最后阶段，伦勃朗的房屋被签字转让给了他的债权人们。伦勃朗一家人从圣安东尼宽街搬到了罗真拉夏特。

1660

为了使伦勃朗免受来自债权人的困扰，提图斯和亨德里克耶在他们的公司中“雇佣”了他。

1662

伦勃朗创作了《纺织同业会抽样官群像》（如上图），并为阿姆斯特丹的新市政厅绘制了《巴达维亚人克劳丢斯·西非利斯的密谋》。后者在市政厅揭幕的几个月后就被撤下。

1663

七月，亨德里克耶过世。她被埋葬在了西教堂的一个临时坟墓中（通过租借获得、并可以再次使用的坟墓）。

1665

伦勃朗创作了《犹太新娘》。

1668

2月28日，提图斯与玛格达列娜·凡·罗成婚，却在这一年的晚些时候离开了人世，遗体于9月7日在西教堂下葬。

1669

玛格达列娜为提图斯生下了一个女儿，取名为蒂蒂亚。伦勃朗作为教父为这个孩子进行了洗礼。

伦勃朗创作了他的最后一幅自画像，现存于伦敦国家美术馆。

在10月3日或4日，伦勃朗离开了人世。

10月8日，伦勃朗的葬礼举行；他被埋葬在了阿姆斯特丹西教堂的一处临时坟墓中。

在财产清单中窥其一生

成年后，伦勃朗便一直过着奢侈的生活。他收入丰厚，但开销更为庞大。在和莎斯姬亚结婚后，她的亲属们就曾抱怨这对夫妇在面对财产问题时过于草率。伦勃朗对这些抱怨的回答却是一副洋溢着愉悦的画像——莎斯姬亚坐在伦勃朗的膝盖上，他们共同为未来而干杯。

最终，这种挥霍的生活方式令他尝到了苦果。1656年，他宣告了破产，并为已被订购的个人财务举办了一场拍卖会。犹太宽街的房屋内所存放的物件被整理为363件拍品，并于7月25日和26日被一一罗列，其中包括了一打又一打价值连城的画作以及大量的古董。令人辛酸的一点是，这张清单的最后甚至还包括了被送去清洗的“若干领子和袖子”。

拍卖

363件拍品

包括油画、雕塑、书籍、家具、服饰和其他古玩。

1656年7月25日、26日

2
陶瓷鹤鸵

大量的鹿角

17
以真人为模型
浇筑的手模
和脚模

1
使用慕黎斯
王子本人的
脸孔铸造
的死亡面具

9
葫芦容器和瓶子

1
巨人头像

13
竹管乐器

一头公狮和
一头母狮的皮毛，
另外还有
两件花色外套

伦勃朗之死

伦勃朗去世于

1669年
10月3日或4日

（说法不一），即他唯一的儿子提图斯离开人世的11个月之后。

他被埋葬于阿姆斯特丹的西教堂，也是他最后居住的地方——罗真拉夏特的本地教堂。这座坟墓的具体位置不明，但教堂的北部墙面上，高高悬挂了装饰华贵的伦勃朗纪念标志。

直到生命的最后，伦勃朗仍在保持着工作。他所接受的最后一份委托来自凡·卡腾伯奇兄弟中的一人（两人均是阿姆斯特丹有名的收藏家）。这幅作品——《神殿里的西蒙》——在伦勃朗去世的时候仍被放在创作室中等待完成。现在，它被存放于斯德哥尔摩的国立博物馆中。

伦勃朗·凡·莱因

02
世界

“除此之外，你还能够在哪个国家如此轻易地找到人们生命中所渴求的这一切奇珍异宝？”

——勒内·笛卡尔（1596—1650）向他的作家朋友让·路易·古兹·德·巴尔扎克描述荷兰（尤其是阿姆斯特丹）的奇观。

一抹更鲜亮的黄色

很多在今天看来十分常见的颜色，在17世纪的时候却能够令人新奇并惊叹不已。在1620年之后，明亮而夺目的藤黄色才出现在了欧洲艺术家们的手中——尽管它在印度及中国绘画中早就已经十分常见了——这对于伦勃朗来说也还是样新事物。他用藤黄营造出了温暖的金色光效，令他纯熟的明暗对照技巧在画面上表现得更为柔和。这种颜料最初被进口至荷兰，之后迅速地推广到了整个欧洲。

01 **藤黄颜料由藤黄科植物的树脂提取而成，通常来源于生长在柬埔寨（即这种颜料名字的来源）和中国南部到斯里兰卡一带温暖地区。这种树脂盛产于雨季，从植物的树皮中渗出后将其导流入空的竹管里，再静置晾干就完成了制取。藤黄可以入药，也可以用于绘画。**

02 **待树脂干燥成为固体后，劈开外面的竹管，拿出中间已经结成一块的粉状泥黄色圆柱体，把它包裹在叶子中，随后运往欧洲。**

03 **这种被称为“管藤黄”的商品抵达欧洲的交易中心后，被分割成小块，继而流转于商人们手中。**

04 **画家们会购买小块的藤黄颜料——与舶来品的身份相称的是它们高昂的价格——再把它们研磨为色料。貌似不堪造就的干燥棕色树脂在混合了油脂或其他黏合剂后，会呈现出绚丽而鲜亮的黄色——就像伦勃朗的画作所呈现的那样。**

藤黄树脂

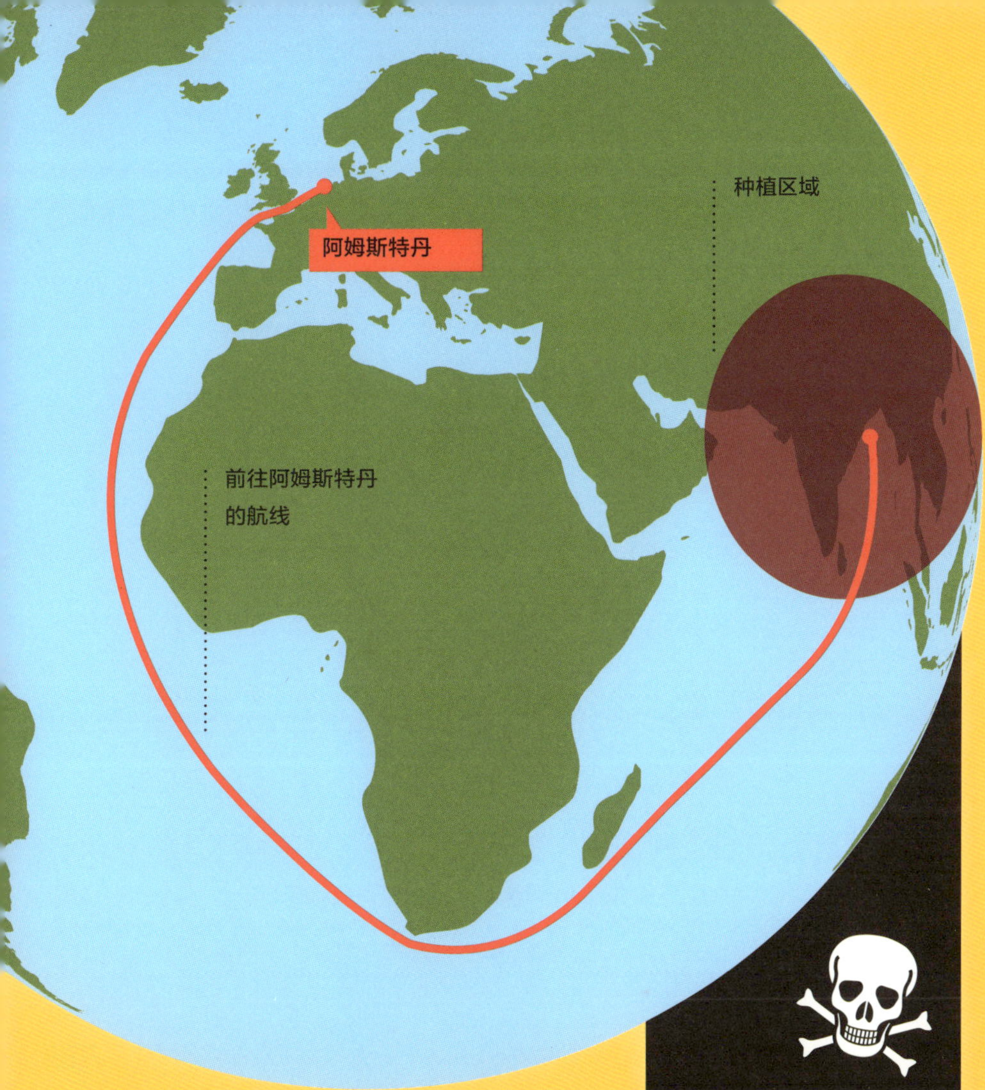

1600年左右的荷兰商船

和早期的很多其他颜料一样，藤黄含有剧毒。它曾被用作效力强劲的泻药，在17世纪，口服藤黄被用于治疗便秘和肠道蠕虫——常常伴随致命的后果。随着时间的推移，作为颜料的藤黄被另一种安全且不易褪色的画用颜料——钴黄所替代。

郁金香狂热

伦勃朗和他同时代的很多人都像喜鹊一般贪得无厌，因此推动了1630年这场席卷了低地国家的“郁金香狂热”。

由于郁金香球茎的价格已经达到了前所未有的高度，那些无力支付真花的人们只能订购以郁金香为主题的瓷砖或绘画用作家庭装饰。在17世纪中期，购入一幅艺术大师绘制的静物花卉作品需要花费约1000荷兰盾，一幅稍逊于此的画作售价在500荷兰盾左右。有意思的是，尽管现在有整整一个品类的郁金香都是以伦勃朗的名字命名的，他在当时却并没有追随潮流绘制这种花卉。

在1647年
一株总督
郁金香
售价
2500
弗罗林

与这株郁金香同样的价格，可以买到以下所有商品：

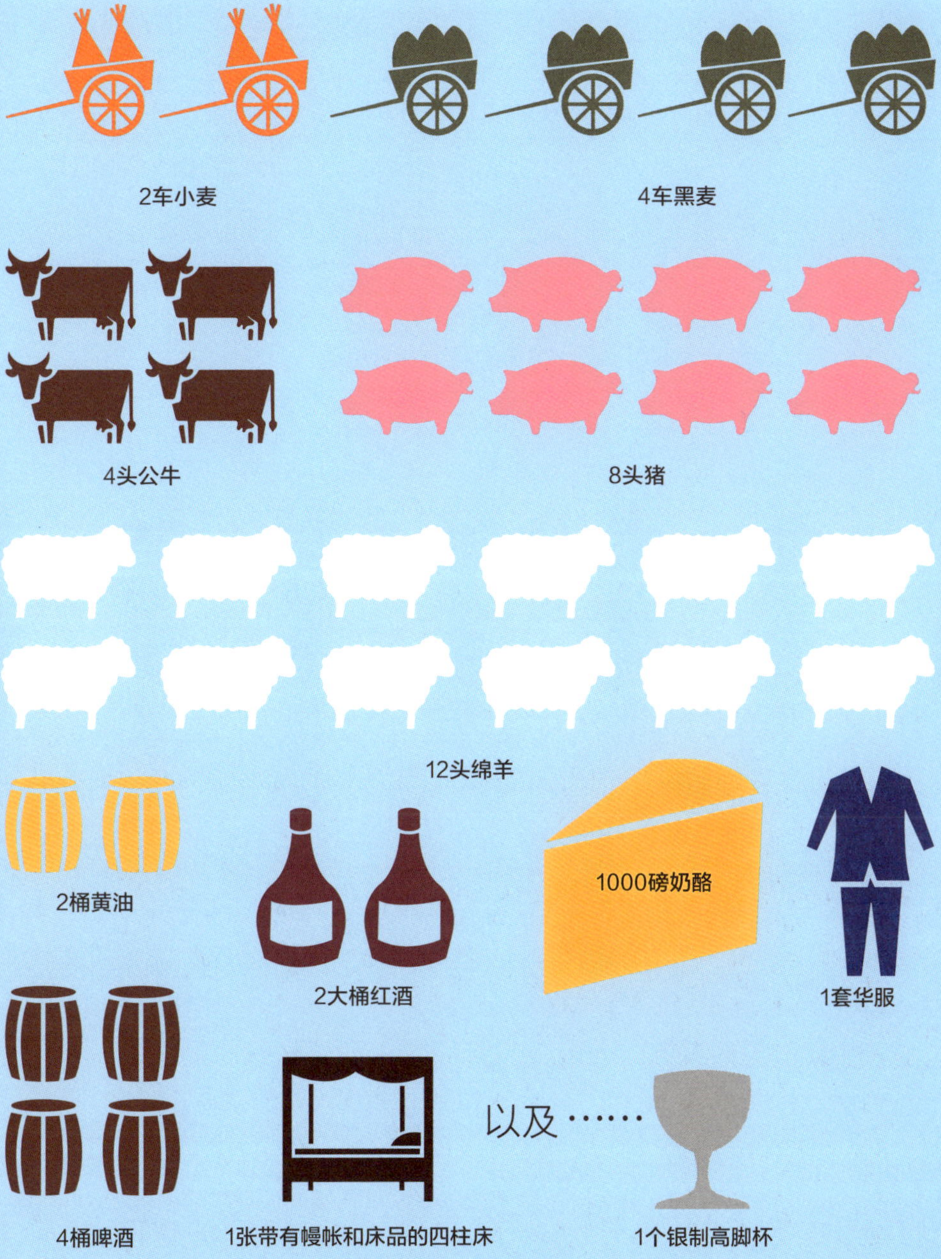

瘟疫

在艺术和文化发展的方面，17世纪对于欧洲来说是一个繁荣的时代，但它具备一个更为黑暗并令人刻骨铭心的特征：这同时也是一个因瘟疫而臭名昭著的时代。1656年不仅是伦勃朗宣告破产的时候，也是瘟疫开始在阿姆斯特丹肆虐的时候。这两件灾祸引发了这位艺术家同样的担忧。这一年间，瘟疫在伦勃朗的出生地——莱顿大肆爆发。而在这个世纪的后半叶，欧洲其他的主要城市也深受其困扰。

大量商船来访荷兰港口，带来了老鼠以及它们身上能够传播瘟疫的跳蚤。这种疾病在那时被认为是“恶劣的空气（bad air）”所导致的。瘟疫反复出现在17世纪的荷兰，并在1664年的一次爆发中夺去了阿姆斯特丹城内的24000条生命，达到了传染最为严重的时候。

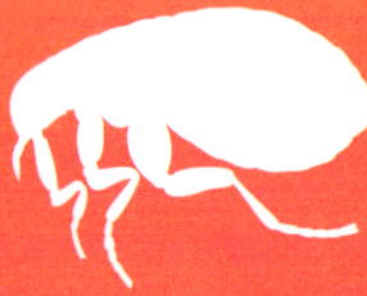

鼠蚤

携带有鼠疫耶尔森氏菌。因此瘟疫很可能是由商船上的老鼠传播而来的。

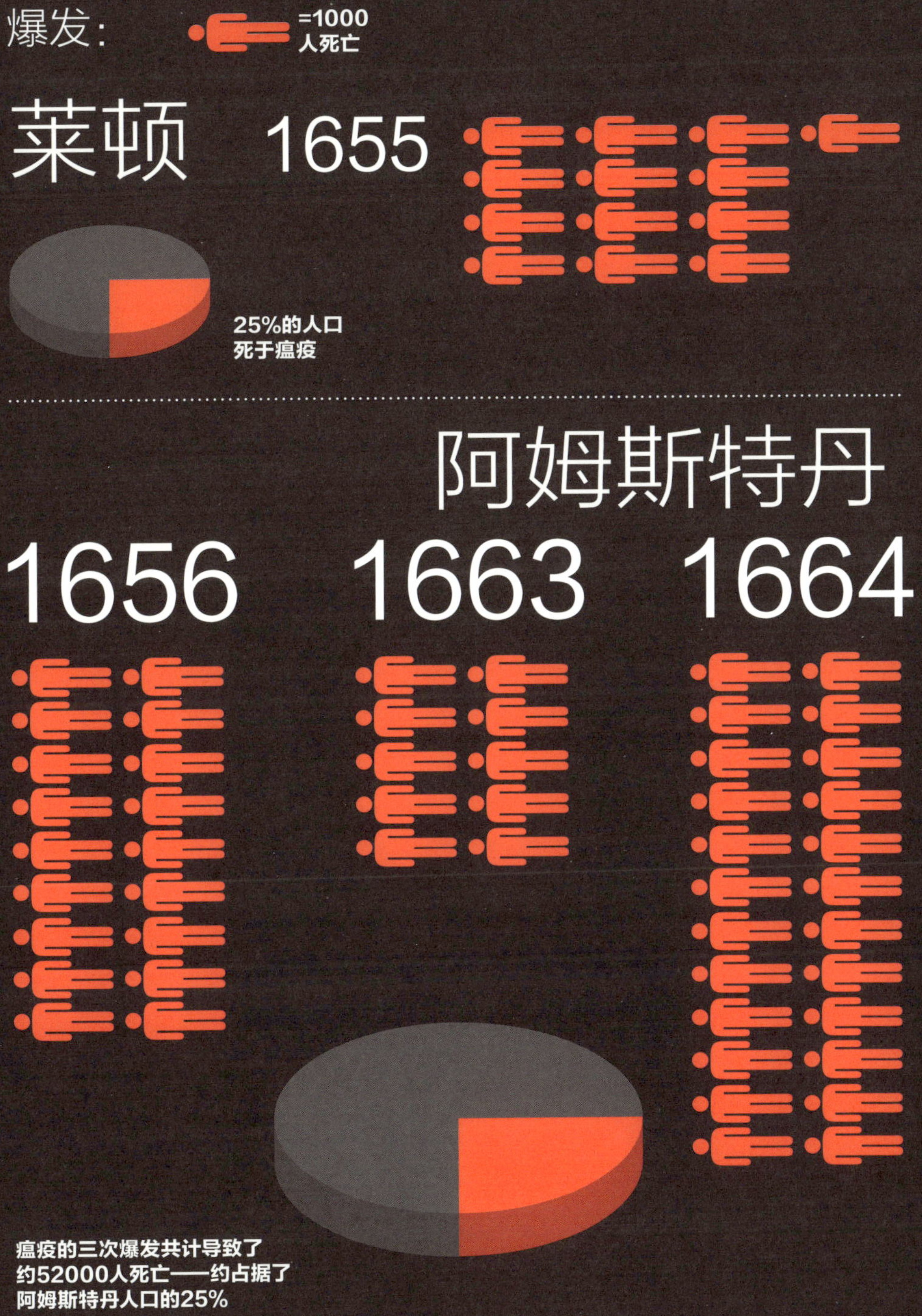
爆发:
=1000
人死亡
莱顿
1655
25%的人口
死于瘟疫
阿姆斯特丹
1656
1663
1664
瘟疫的三次爆发共计导致了
约52000人死亡——约占据了
阿姆斯特丹人口的25%

伦勃朗眼中的阿姆斯特丹

1. 1624年，当时伦勃朗的老师彼得·拉斯特曼的画室。

2. 堡伦赫克：伦勃朗在阿姆斯特丹的第一间画室，成立于1635年。

3. 圣安东尼宽街4号：伦勃朗的住宅。在1639年以13000荷兰盾的价格被购入，但这笔贷款未能被还清。在1658年的拍卖中，该房屋被售出。

4. 辛格：1668年，提图斯·凡·莱因在与玛格达列娜·凡·罗结婚后居住于此，直到他在这一年过世。

5. 罗真拉夏特：伦勃朗在人生最后10年中所居住的地方。

6. 西教堂：伦勃朗和提图斯被下葬的地方。

7. 老教堂：1642年，莎斯姬亚去世后，伦勃朗在这里为她购买了临时坟墓。

8. 帝王运河：外科医生杜普教授的住址。他出现在了画作《尼古拉斯·杜普医生的解剖学课》中。

9. 皇冠酒店：伦勃朗的所有物件被拍卖的地方。

10. 辛格运河：弗兰斯·班宁·库克的家，即画作《夜巡》的委托人。

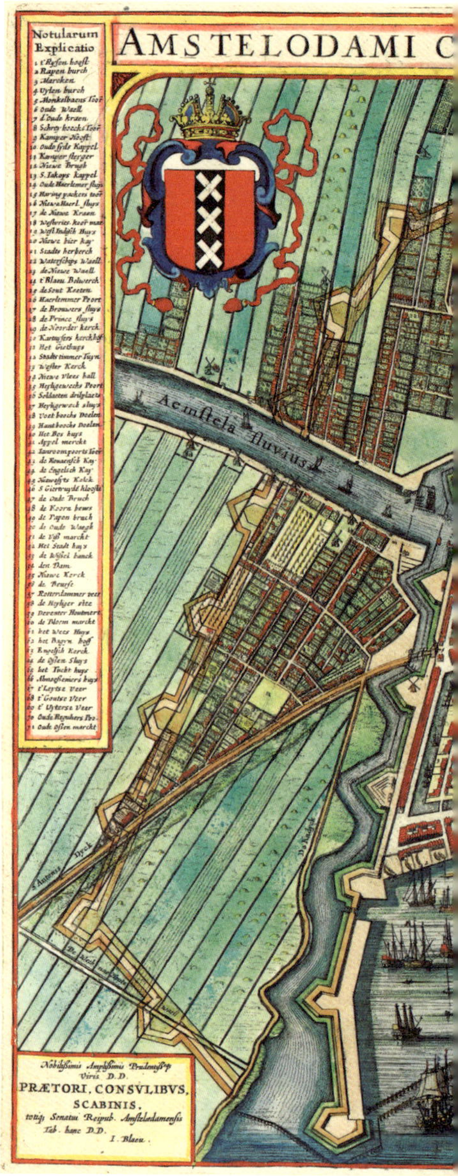

▲ **阿姆斯特丹地图**
琼·布劳，图片出自《大地图集》，约1662—1672年

17世纪60年代中期，阿姆斯特丹约有20万人口，并且刚刚完成了一条半环形运河的建设，这条河道可以预防水灾并使交通更为便利。城墙所环绕的区域内贸易繁荣，不同信仰的各色人群以宽容的态度生活在一起。

加入团体组织

在北部这些信奉新教的国家，艺术家们无法依靠教会的资助。幸运的是，他们身处的活跃的社会环境和大量的财富提供了另外的路。成功的商人们希望用绘画记录下自己的日常活动，尤其是作为行会或其他社会团体，例如民兵团的成员。所以，团体肖像画在此时受到了前所未有的欢迎。

伦勃朗所处的时代，民兵在阿姆斯特丹社会中占据着不同寻常的地位。他们原本效力于军队，但在17世纪中期以前就已经丧失了大部分军事职能——艺术史学家罗伯特·休斯将他们定义为“富有的半军事社会团体”。

制服：

制服的定义可以被自由地诠释。民兵团中最具代表性的就是身家不菲、衣着鲜亮的年轻男子。他们往往“穿着华贵”，自视甚高地摆着架子，创造了一种全新的“制服”——实际看来像是为化装舞会准备的衣服。

会所：

每个民兵团都有自己的会所用于存放武器。

成员类别：

3 种主要类型

弓箭手

弩手

火枪手

阿姆斯特丹的民兵团数量共计 20+

平均成员数量 200

=10个人

活动：

所有的民兵团都会定期进行射击训练，其中多数民兵团的场地内都有一个射击场。然而，这些活动很大程度上是为了表演而进行。

对艺术的欣赏

17世纪后期，来到荷兰的游客们不仅仅会惊讶于这个国家对艺术的热情，还会惊讶于悬挂在荷兰人家里的大量的绘画作品。尽管质量参差不齐，凡是装饰于普通家庭墙壁上的画——甚至是那些存在于比较小的房屋中的——都可以被计入这个庞大的数字中，不论它们是价格相对低廉的雕版或蚀刻版画，还是更为昂贵的油画。当然，这些画作根据质量可以分成不同等级，即使是原创画作也有不同的定价——人们不一定会购入大师的画作，而是可能会以远低于此的价格购买一件由学徒绘制的作品，并且因地制宜，在空间较小的内室放置尺寸较小的作品。

1000 荷兰盾

是被公认为大师的画家一幅完整油画作品的售价，例如格里特·德奥。以同样的价格可以在阿姆斯特丹买到一栋舒适的普通房子。

5–10荷兰盾

是无名画家一幅作品的售价，例如一幅学徒绘制的油画。

在17世纪60年代，圣卢克行会中形形色色的会员里有近

700

位艺术家

登记在册。这相当于荷兰总人口中大约每2500人就有一位画家。

到哪里购买艺术品？

你可以直接向画家或间接向经销商购买（许多画家在出售自己作品的同时也出售别人的作品）。针对比较低端的市场，那些更低价的作品可能会在大街上进行出售，就如同今天面向游客的艺术市集。

对于大量品位不同并收入有别的买家们而言，荷兰提供了第一个可以满足他们所需的市场。一些艺术家们受到了热烈的追捧，以至于他们的任何作品都能被销售一空；另一些并不是十分抢手的艺术家们也可以依靠为指定的场景和主题作画得以谋生。

30—50

英国日记作家约翰·伊夫林所声称的一户荷兰家庭平均拥有的画作数量。

大扫除

17世纪时，能够引起每个外国人注意的除了荷兰人对于艺术的热情，还有他们为保持洁净所付出的努力，因为在当时，保持个人或是公共卫生都不会被认为是理所当然的。一位日记作者曾惊讶地发现，荷兰的街道是如此的纤尘未染，以至于人们仅仅走在上面都是一种享受，这一点与欧洲的其他任何地方都截然不同。与伦勃朗同时代的人们都能证明这一点，他们所能看到的室内和街道景色都是这样的：妇女们在闪闪发光的厨房里干活，或是从院子的地面一直清扫到外面洁净的鹅卵石路上。

关于荷兰的普通居民对家务是如何的一丝不苟，当时的另一条记录讲述了令人更为震惊的细节：

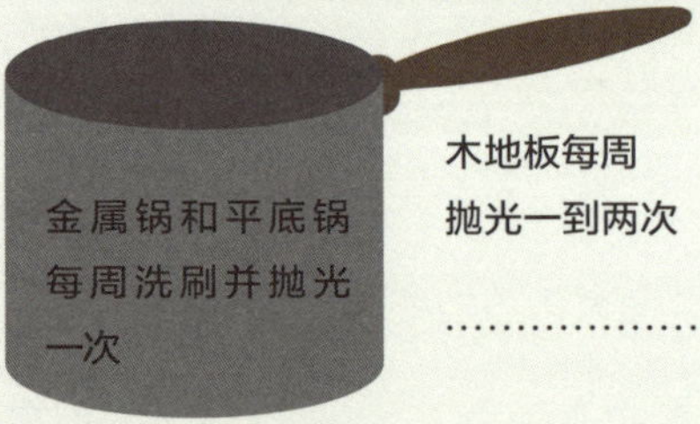

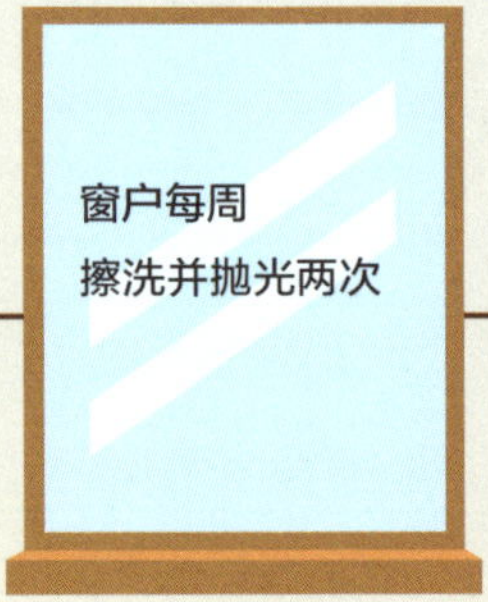

近期的研究表明，最初，荷兰人这种对清洁的极致追求是因为那里十分罕见地拥有大量家庭自制奶酪和黄油。在17世纪早期，阿姆斯特丹超过半数的家庭会自己制作这些乳制品。而这些乳制品所储存的地方只要稍有不干净，就会很快腐败变质。

伦勃朗·凡·莱因

03
作品

“他曾经绘制了一幅肖像画，上面堆叠了浓重的色彩，以至于你几乎无法将它从地板上抬起来。”

——画家和作家阿诺德·霍伯睿肯谈论伦勃朗。

数字伦勃朗

伦勃朗的画作产量究竟有多么惊人？他的作画纪录几乎成了对同时代其他画家工作散漫的一种谴责。今天，由于被鉴定为伦勃朗真迹的作品数量时有增加或减少，伦勃朗作品的数量仍然在变化。他与其他画家在工作量上的差别令人疑惑，一部分原因来自于他招收了大量的学生。在40年的职业生涯中，伦勃朗共计录用了约50名学生，其中约35人都成为了小有名气的画家。另一部分原因来自于当时约定成俗的一个惯例，即学生们需要临摹老师的作品并帮助老师完成一部分画作，因为对于类似伦勃朗一样成功而著名的画家们而言，他们本身的创作量很难满足人们的委托需求。所以，就如同其他艺术家们所做的，伦勃朗也让自己的学生们成为帮手，来满足人们对画作的大量需求。

蚀刻版画的估算数量

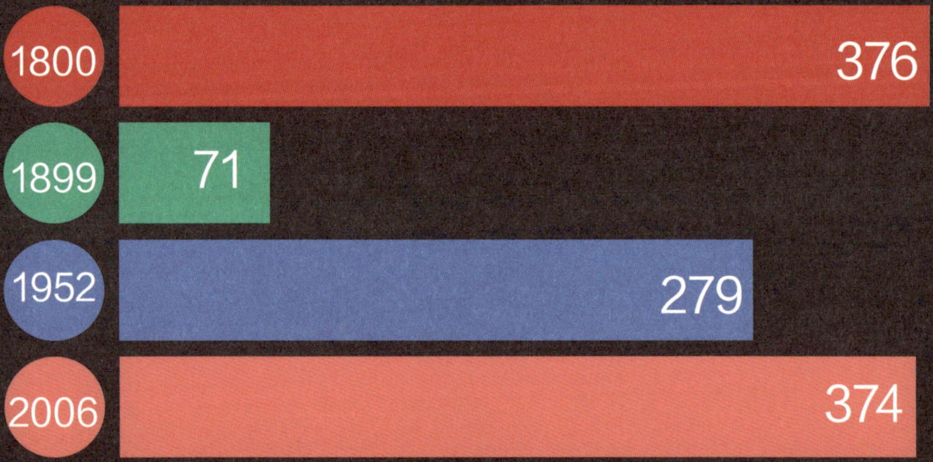

1800年的统计中，伦勃朗所创作的蚀刻版画数量被估计为376幅，但在1899年前的时间内，这个数字有了大幅的下降。1952年，德国艺术史学家路德维格·门兹经过重新计算后提高了这个数字。2006年，专门进行伦勃朗研究的学者加里·施瓦茨列举出了374幅这位画家的作品——这个数字几乎又回到了1800年所估计的总量。

伦勃朗研究项目

鉴定一幅画是否为伦勃朗的真迹，这个结果最终由伦勃朗研究项目，简称RRP,来定夺。今天，即使是这个组织也承认了他们对于一些具体作品在真伪问题上有所转变。

油画的估算数量

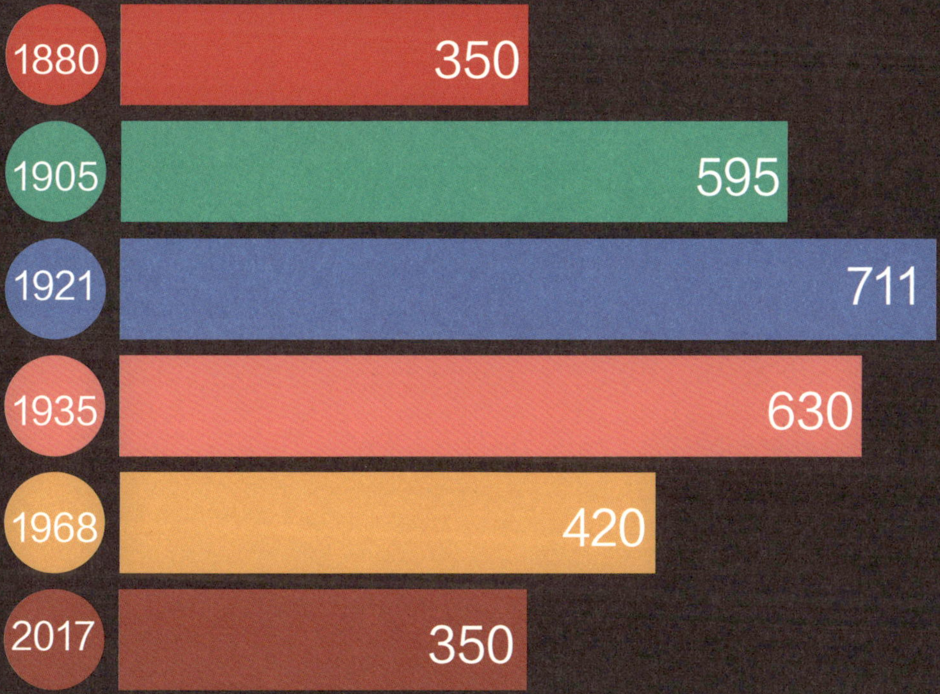

1880年，已知的伦勃朗作品数量曾被统计为350幅。但在1905年，一部长至八卷的学术目录突然将这个数字提升。这个总量在1921年被德国艺术史学家兼伦勃朗研究专家威廉·瓦伦丁纳再次提高。1935年，荷兰艺术史学家兼策展人亚伯拉罕·布雷迪乌斯将这个数字减小。随后，布雷迪乌斯的同事霍斯特·格尔森在1968年之前再次使之下降。如今，伦勃朗被公认的油画创作总数已经回落到了约350幅，就和在19世纪晚期所估算的一样。

素描的估算数量

相较于蚀刻版画和油画，人们对于伦勃朗素描作品数量的估算并没有出现过波动。

画作传记

尼古拉斯·杜普医生的解剖学课

《尼古拉斯·杜普医生的解剖学课》是伦勃朗在早期（25岁时）所作的团体肖像画力作。这份委托来自于阿姆斯特丹外科行会，其中每个被描绘的对象都需要给艺术家支付一部分费用。伦勃朗将观众们的注意力汇集到了杜普医生身上，他正在向众人展示人体的前臂肌腱。画中的所有人物呈现出向左倾斜的三角形构图，并且他们的名字被一一罗列在了杜普医生右侧人物所手持的纸卷上。

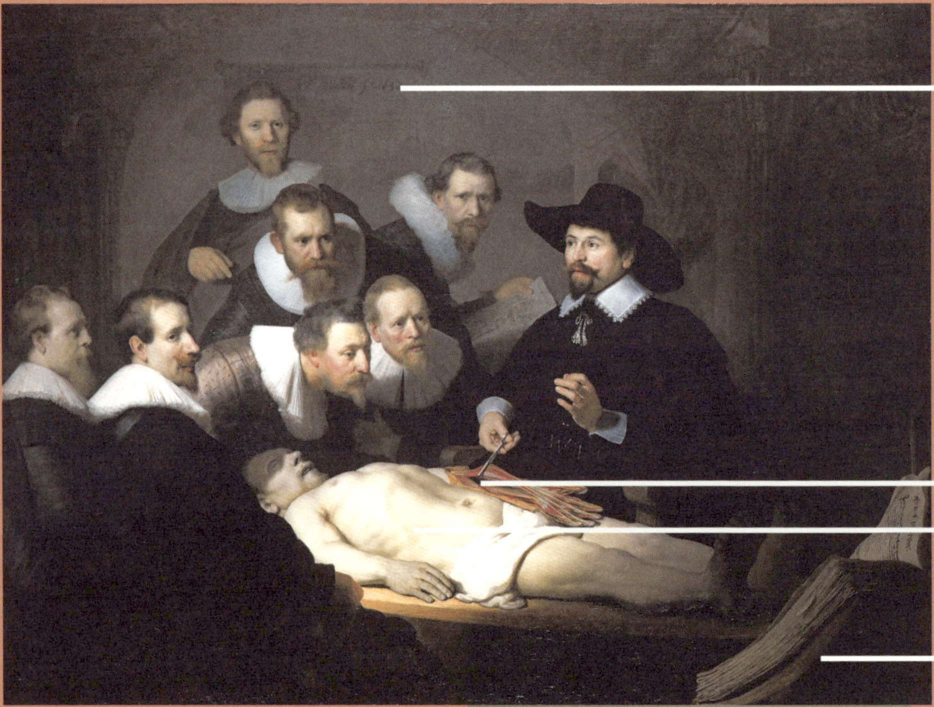

▲ **《尼古拉斯·杜普医生的解剖学课》**
伦勃朗·凡·莱因
布面油画，1632年
85英寸×67英寸
（217厘米×170厘米）

原存于：
位于新市场的阿姆斯特丹外科行会会馆，并在这个提出作画委托的行会一直悬挂至1828年，随后被莫瑞泰斯皇家美术馆购买。

现存于：
莫瑞泰斯皇家美术馆，海牙

1632年1月17日

在过去，人体解剖是一种季节性工作，通常会被排在冬日的几个月内，解剖工作可能会持续数日。在没有冷藏的条件下，即使是一具新鲜的尸体，夏日炎热的温度也会使它在外科医生完成研究之前就变得臭气熏天。

尸体从何而来？

在17世纪，解剖用的尸体几乎无一例外都来自于死刑犯。

杜普医生所解剖的对象是亚拉恩·阿德里安松，又被称作“骗子阿伦茨”。由于暴力抢劫，他在解剖课进行当日的早些时候被处以了绞刑。

外科角度的分析

当代的医学生们饶有兴致的发现，尽管伦勃朗事先做了大量解剖学方面的准备，却仍然犯下了一个错误——他在画中混淆了外上髁和内上髁。

这部体量巨大的书是一本解剖学教材，最有可能是出版于1627年，由亚拉恩·凡·登·斯皮吉尔所作的《人体构造全书》。这本书中出现的解剖学错误和伦勃朗所犯下的一样，因此他很可能在调查中也使用了这部书。

谁负责切开尸体？

更为琐碎的解剖步骤是由标本制作人员实施的，他们需要在课前将尸体先行切割。作为阿姆斯特丹外科医生协会里的首席解剖学专家，杜普医生不会让自己的双手染上血渍。切割完毕后，之前所使用的刀具及其他工具被移除，这堂课便在干净的“画布”上开始了。

土质颜料

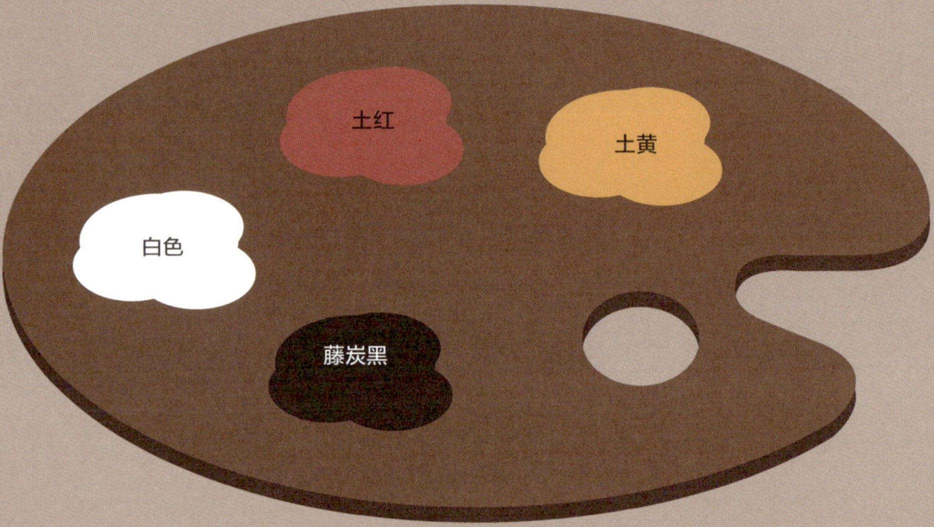

四种构成了古典画家调色盘基础的土质颜料。

提香的调色盘

威尼斯画家提香的调色盘据说在一开始仅有九种基础颜料，但他也使用多种变色来丰富画面的光泽感，并创造出独一无二的层次感。

“五十度棕”

任何近距离观看过伦勃朗一系列画作的人都会注意到，他所使用的棕色从来不会令人感到无趣。他丰富而朴实的色调令人回想起了提香的用色手法（伦勃朗画作的底色与这位来自意大利的大师一样，几乎都是棕色和深赭色调）。他的老师彼得·拉斯特曼曾经在意大利进行过完善的学习，因此伦勃朗从老师那里所接受的训练很可能影响了他早期的色彩选择。尽管大量的注解者们——其中一部分曾是伦勃朗的学生——在伦勃朗去世之后对他的绘画实践留下了描述，但并没有人对他为了创造出独特效果所使用的材料做出说明。

伦勃朗的调色盘

伦勃朗习惯性使用的15种（或以上）颜料，同时他也混合这些颜料来丰富画面效果。

哪一种油？

与当时的其他画家一样，伦勃朗也使用核桃油或是提取自亚麻仁的亚麻籽油来混合粉状颜料。

首先，用研钵将坚果或种子进行研磨。

经过加热之后，将它们用布包裹，放置于活底的盒子里。

接下来，盒子会被放到螺旋压榨机中。拧紧螺旋后，油脂就可以被收集并储存起来了。

画作传记
夜巡

《夜巡》（原名为《弗兰斯·班宁·库克上尉和威廉·范鲁伊坦伯希中尉的连队》）是由阿姆斯特丹城中一位富有并受到尊敬的人物——弗兰斯·班宁·库克所委托的，他曾在战争中服役于最终获胜的一方。班宁·库克居住在位于辛格运河的高级公寓，在空闲的时候喜欢带着他的民兵团进行"游行"。

1640年，他提出了这幅画的委托，画作的最终价格却低至1600荷兰盾，并且还会被平摊到出现在画中的每个人的身上。画作在1642年春天被交付的时候曾大获成功，观者们十分欣赏这种原创的构图——其他的团体肖像常常会将人物排列为呆板的长条状——以及画中人物栩栩如生的形态。班宁·库克看到此画后如获至宝，甚至又订购了它的两个副本。同时，这件画作也为伦勃朗赢得了大量高度的评价。

▼ **夜巡**
伦勃朗·凡·莱因，布面油画，1642年
143 英寸x 172 英寸（363 厘米x 438 厘米）

原存于：

提出委托的火枪手会馆内，并在这里一直悬挂到了1715年。随后，它经历了两次迁移：第一次被移到了市政厅，之后在1808年又被移到了荷兰国立博物馆。

现存于：

荷兰国立博物馆，阿姆斯特丹

为何取名为《夜巡》？

画作表面的上光油泛黄后——加之火枪手会馆内的明火所散发出的烟雾——使得它的颜色逐渐变深，以至于人们忘记了它所描绘的场景并非夜晚。直到20世纪，这幅画在经过清洗之后才露出了它的真面目——但早在此之前，《夜巡》这个名字就已经被确定了下来。

画面上方拱门的盾牌上面写有民兵团成员们的名字。这些是在画作完成后由其他人所添加的内容。

尽管一直都处于24小时的看守之下，《夜巡》仍然经历过三次劫难。其中两次是在1911年和1975年，它曾被刀子划出了裂缝，随后又在1990年被硫酸侵袭。所幸这三次损毁都较为轻微，现在均已被成功修复。

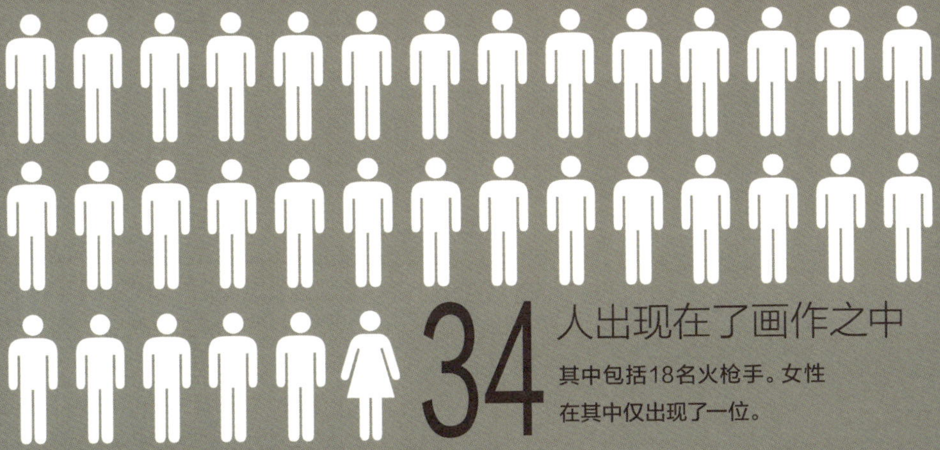

34 人出现在了画作之中

其中包括18名火枪手。女性在其中仅出现了一位。

制版大师

在有生之年，伦勃朗的蚀刻制版技巧一直十分著名，众多藏家们总能将他的版画抢购一空。蚀刻版画是他所尝试的唯一一种版画。1626年，他的第一幅版画作品就证明了自己对于这种技术超乎常人的熟练。实际上，他之后的作品受人瞩目并且超前于任何一位艺术家，以至于当时的阿姆斯特丹充斥了他使用某种秘密工序的传言。然而，实际情况却并非如此：他和其他蚀刻版画师们的不同之处或许在于他喜欢在印刷的过程中塑造作品。如此一来，他就可以通过印刷对成品进行修改，使得同一块印版能够营造出不同的效果。

如何制造一幅蚀刻版画

01 在一块非常薄的铜板上涂一层混合物作为蚀刻底板，这种混合物中通常含有树脂、蜡和沥青。

02 随后，艺术家可以在上面徒手作画，只要使用尖细的蚀刻工具将上层的蚀刻底板刮去，就能使下层的铜表面裸露并生成线条。

03 接下来，将铜板浸入酸液中——通常为稀盐酸——裸露在外的铜会被腐蚀。构成蚀刻底板的材料是耐酸的，因此那些被它所覆盖的部分仍然得到了保护。

04 将蚀刻底板从铜板上移除（伦勃朗使用了一种十分柔软的混合物作为蚀刻底板，使他能够自由地、用速写的方式进行“绘画”）。

05 在印版上用滚轮或衬垫涂上油墨，并擦去多余的部分，令油墨只留在被蚀刻过的凹槽中。

06 在印版上覆盖一张潮湿的纸张。

07 最后，将像三明治一样夹起来的印版和纸张送进印刷机，使墨水从凹槽转移到纸上，就印出了图案。

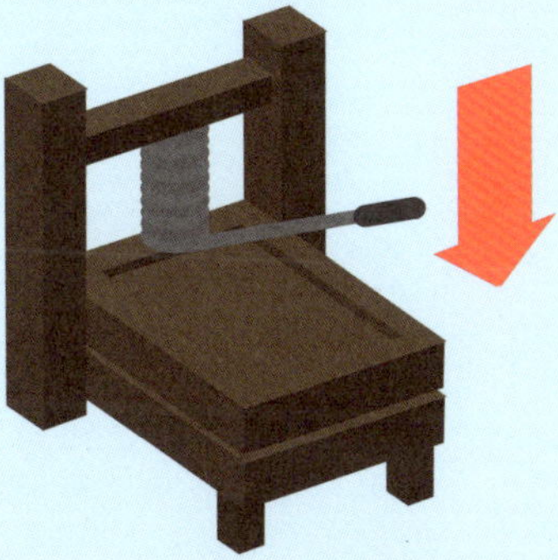

▼ **倚在石槛上的自画像**
伦勃朗·凡·莱因
纸本蚀刻版画，1639年
印版：8 英寸x 6英寸（20厘米 x 16 厘米）

伦勃朗的双眼

2004年，哈佛医学院的两位神经科学家借助伦勃朗的多幅自画像，发现这位艺术家的双眼视觉是错位的。对36幅伦勃朗在不同阶段所作的自画像经过深入的测量后，他们证明了最初所观察到的现象并非巧合。他们的结论是，伦勃朗很可能患有“立体盲”：即他所看见的事物并非是拥有深度的三维立体影像，而是扁平的影像。

这种情况是如何发生的？

立体视觉的形成依赖于双眼的视觉区域重叠。如果双眼屈光不同，或是双眼瞄准的方向稍有不同，它们就会观察到各自独立的影像，而非在大脑中混合产生三维效果。

可能带来的不便？

或许并不会带来什么不便。学生们在学习绘画的时候，常常被鼓励用单眼聚焦物体进行观察，有时这样可以帮助三维立体影像表达为二维影像，甚至伦勃朗拥有的这种视觉特性相较于其他人而言更胜一筹。

看到的东西

克劳德·莫奈曾经备受白内障的困扰，因此在通过手术进行矫正之前，他不断创作着如梦如幻一般柔和朦胧的画作。

托特·奥·吉弗晚年所得的黄斑部退化使他的晚期画作在视觉效果上变得更为“扁平”。

你的双眼是如何工作的？

如同下图所示，立体视觉讨论的是双眼如何感知深度并营造三维图像的问题。如果学者们的猜测是正确的话，这一过程对于伦勃朗来说就是无法实现的，取而代之的是他所看到的物体会呈现扁平的效果。

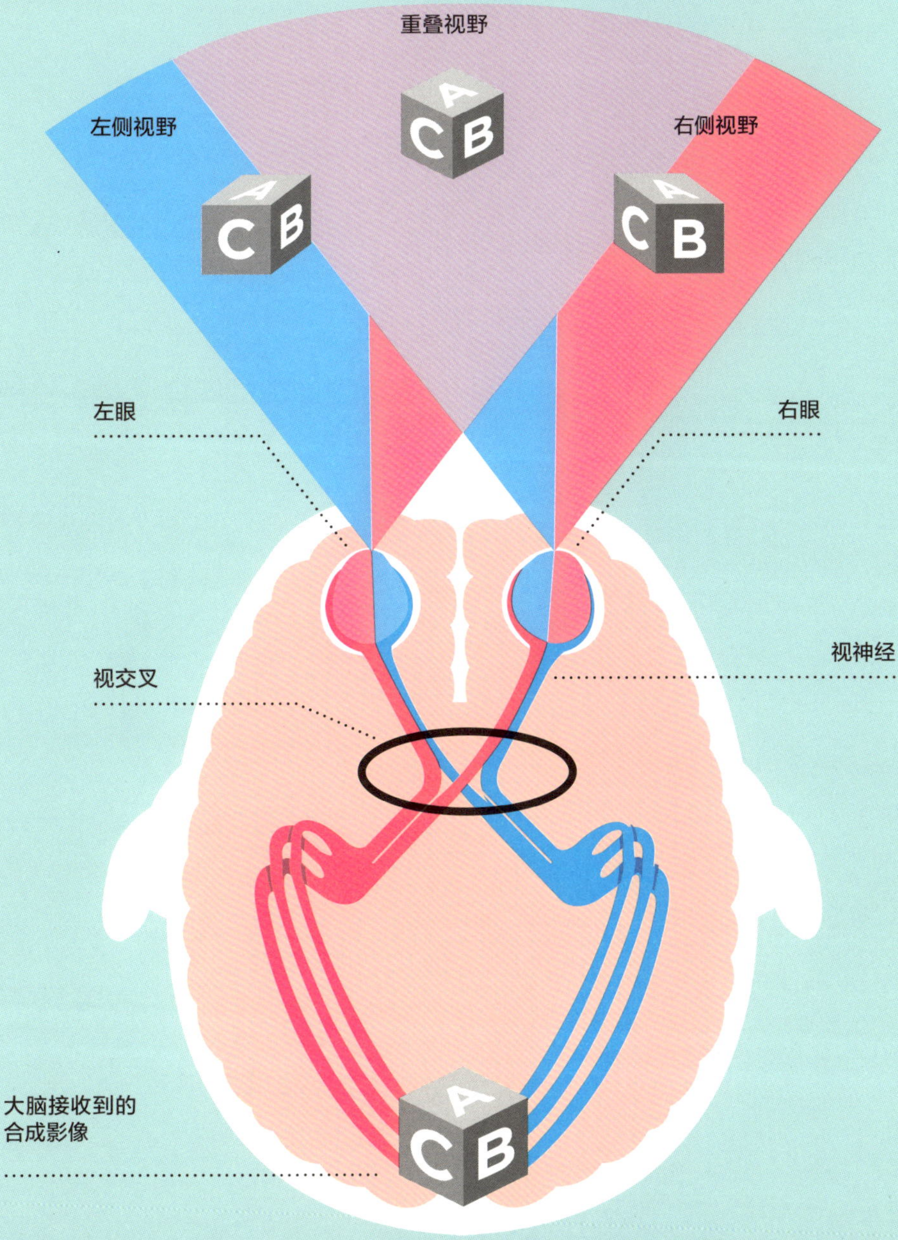

画作传记 沐浴的拔示巴

画中的模特是亨德里克耶·施托费尔斯。这是伦勃朗最为出色的圣经题材画作之一。在圣经故事中，大卫王被拔示巴所吸引，为了迎娶她而杀死了她的丈夫。伦勃朗所描绘的拔示巴正手持来自大卫王的一封信。信中，她被召唤去这位国王的榻上侍寝。这幅画作享有盛誉，因为旁观者们在其中可以确实窥见主体人物所处于的思考状态。

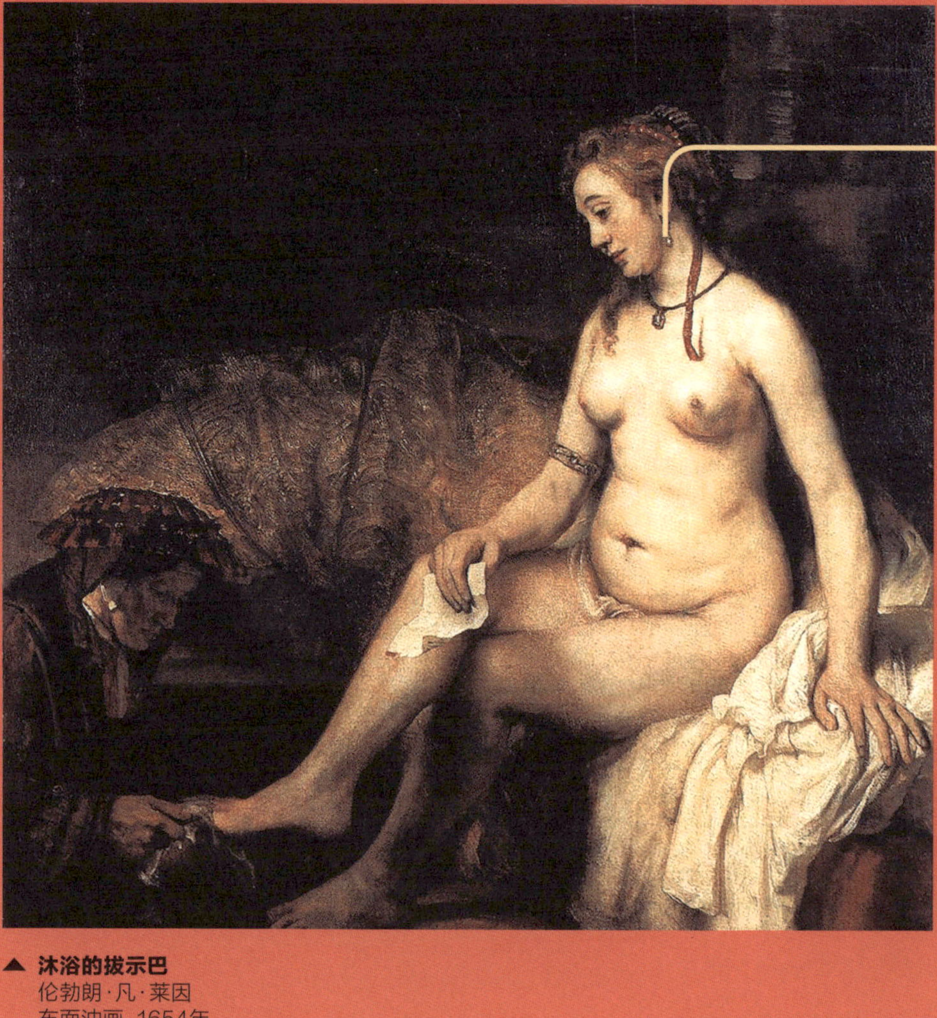

▲ **沐浴的拔示巴**
伦勃朗·凡·莱因
布面油画，1654年
56英寸×56英寸（142厘米×142厘米）

莎斯姬亚的耳坠

眼尖的观众们发现，亨德里克耶在画中所佩戴的珍珠耳坠原本是属于伦勃朗富有的妻子莎斯姬亚的，这副耳坠在莎斯姬亚的一些肖像画中曾出现过。

圣经与日常生活

伦勃朗在画中创造了一个令人信服的女性人体，即赋予了圣经人物一具性感而真实的身体。其他画家们的画作，例如鲁本斯所绘制的同类题材作品，往往将拔示巴塑造为一位迷人的宫廷美女。相较于此，伦勃朗却保留了这位女性的平淡。她也许是国王欲望所指的对象，事实上却也仍是一个邻家女孩。

一则挑衅的信息

1653年，也就是《沐浴的拔示巴》被完成的一年之前，伦勃朗和亨德里克耶曾因通奸罪被教会传唤。当时，伦勃朗并没有出现，只有亨德里克耶出席并受到了谴责，还被禁止参加教堂活动。将亨德里克耶描绘成一位向自己妥协的女子，并让她佩戴前妻莎斯姬亚的珠宝，可能是伦勃朗表现他对教会权威嗤之以鼻的一种方式。

这幅画温暖、丰富的色调与20世纪来自威尼斯的大师们有着显而易见的联系。伦勃朗可能从未进行过远途旅行，但是他肯定熟知提香和丁托列托的作品。

伦勃朗·凡·莱因

1606-1669

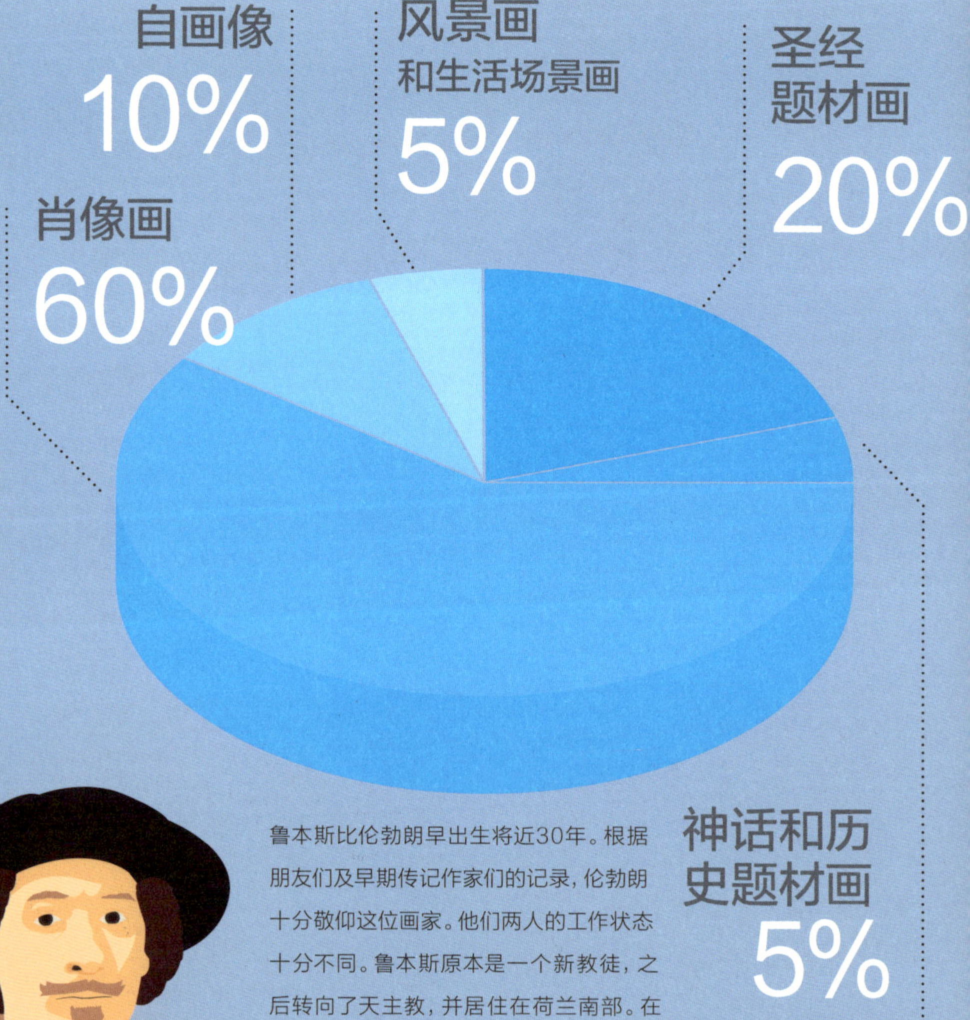

鲁本斯比伦勃朗早出生将近30年。根据朋友们及早期传记作家们的记录，伦勃朗十分敬仰这位画家。他们两人的工作状态十分不同。鲁本斯原本是一个新教徒，之后转向了天主教，并居住在荷兰南部。在这里，他主要的赞助方是天主教会和宫廷。祭坛画构成了他作品的一大部分，同时他也描绘了西班牙王室及许多其他的贵族。作为荷兰共和国的一名画家，伦勃朗的客户则截然不同——他的大部分委托都来自于资产阶级。他并不创作祭坛画，为皇室成员创作的肖像画也仅有一幅。

1577–1640

彼得·保罗·鲁本斯

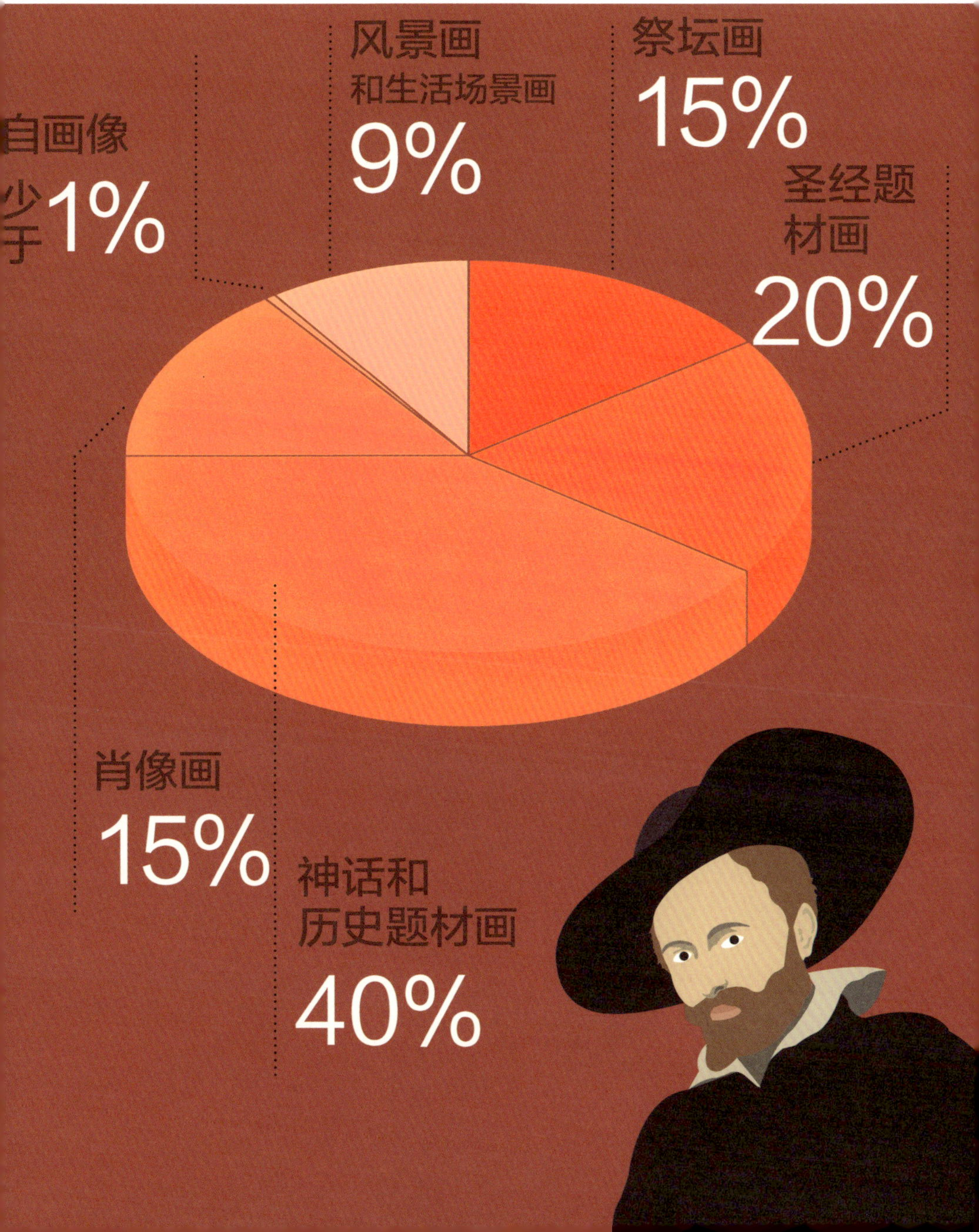

低迷的十年

1642年，伦勃朗完成并交付了画作《夜巡》，莎斯姬亚却于当年的晚些时候离开了人世。这一年结束之后，伦勃朗的人生中又发生了什么呢？接下来的十年里，这位画家的艺术生涯陷入了一场令人疑惑的沉默之中。这整段时间内，他的画作产量大幅下降，远低于过去的水平，并且从未有过肖像作品。以其声望而言，伦勃朗并没有画出最为优秀的作品，反而都是些令人诧异、支离破碎的片段。艺术史学家和评论家们反复讨论着，为何拥有极强作画能力的伦勃朗，突然间丧失了他的“魔力”。还有，为什么在1652年之后，他又进入了所谓的“晚期风格”，重新涌现出了令人惊叹的作品呢？

失信于赞助人？

在许多年内，人们都持有一种判断，即伦勃朗职业生涯停滞不前的原因是他和班宁·库克，也就是画作《夜巡》的委托人关系的破裂。

可能性？

不太可能。

这幅画作如委托中所要求的一样，被挂在了相应的位置——如果它被拒收的话，当然就不可能会出现这样的结果。同时，没有任何证据表明伦勃朗和他的赞助人发生过争执。

落后于潮流？

这是在17世纪70年代伦勃朗去世之后才开始出现并传播的一个论点。古典主义的兴起源于法国，并逐渐成为了欧洲绘画中深具影响的一股力量。而伦勃朗作为巴洛克风格的画家，却无法自适其中。

可能性？

不太可能。

时间不符，我们可以追溯一下这个论点。在它出现之前，伦勃朗就过世了。并且在17世纪五六十年代，他就创造出了令人惊叹的作品。

将注意力分散于了其他技巧?

伦勃朗在这几年内可能并没有绘制很多油画，但他仍然创作了蚀刻版画——他最为优秀的版画作品就诞生于17世纪40年代。那么，原因会不会是他在一段时间内被版画所吸引，进而改变了他所钟意的作画媒介?

可能性?

这是可能的。

在这一时期，伦勃朗所创作的版画包括了《一百荷兰盾版画》；他所作的最大型，也是令人印象最深刻的风景画《三棵树的风景》和技艺高超的《窗前的自画像》。这些全部都是蚀刻版画中的杰出作品。

过分悲痛?

伦勃朗在个人情感方面曾度过了艰难岁月。他和莎斯姬亚所孕育的三个孩子都在出生后不久便离开人间，莎斯姬亚自己也在29岁过世。伦勃朗无法正常继续作画的原因可能是心中的悲痛无法自已。

可能性?

未经证实。

我们没有任何确凿的信息能够描述伦勃朗对于失去亲人的感受；在当时，婴儿死于襁褓之中是十分普遍的，虽然这无法表明人们不会为早夭的孩子们哀悼。

自信心面临危机?

伦勃朗在色彩选取、构图、光线营造和明暗效果上一直保持着创新性。他是否暂时遇到了瓶颈，在回归出神入化的晚期风格前，对那段试验期感到无所适从呢?

可能性?

十分可能。

在偃旗息鼓的这几年间，伦勃朗所创作的画在尺寸、构图和描绘主体上均有很大变化。迥异于过往的是，这些画作间并没有明显的关联。这或许可以作为他进行实验性创作的证据。

画作传记 有两个圆圈的自画像

伦勃朗创作了约50幅自画像。这幅画是最晚创作的，并且被公认为最优秀的自画像之一，融合了他作品中十分典型的现实主义和人文主义色彩。画中的伦勃朗直接凝视着观者，一只眼睛笼罩在他标志性的打光所营造的阴影之中。画中的伦勃朗或许已近60高龄，尽管这幅画并没有注明日期。此外，在许多其他油画中出现过的道具和精致的服装并没有出现在这幅作品中，因此它显得格外简洁。

▲ **有两个圆圈的自画像**
伦勃朗·凡·莱因
布面油画，约1665年
45英寸×37英寸（114厘米×94厘米）

原存于：
巴黎旺斯伯爵的收藏中（1750年）。在1761年以481法郎出售给了轩尼诗收藏。该画被运往英格兰后，首先被出售给了兰斯多恩侯爵，随后在1888年又被艾弗伯爵购入，作为他的遗产传给了肯伍德。

现存于：
肯伍德府，伦敦

两个圆圈

伦勃朗身后有两个精心绘制的圆弧，它们显然是被画在了所悬挂的织物上面。这两个奇特的圆圈吸引了伦勃朗崇拜者们的关注，也得到了各种各样的解读。它们的背后究竟有着怎样的含义呢？

引用典故？

伦勃朗的古典知识很丰富，而这些圆圈可能是对阿佩利斯故事的一个有趣引用。在这个故事中，艺术家阿佩利斯在希腊罗得拜访他的艺术家朋友普罗托耶尼斯。阿佩利斯趁普罗托耶尼斯外出的时候，在他工作室墙上留下了一个完美的圆圈。因为只有阿佩利斯拥有徒手画出如此完美的圆的能力，所以普罗托耶尼斯回来后就可以得知他的好友曾经来访。

圆圈同时也是亚里士多德对于完美的衡量标准——一个更为简单，但同样有可能性的典故引用。

同时期其他画作所提供的参考

同时，也有人猜测这些圆圈代表了一幅世界地图——这两个半球的形状在当时描绘的荷兰家庭内景中经常出现。如果这幅画是尚待完成的作品，这些圆圈也许是意图被填满的。

身着工作服

晚年的伦勃朗不再身着华服——简单的白色帽子、画家专用罩衫和套在外面的毛皮长袍确保了服饰不会喧宾夺主，这样一来他的脸庞就会成为人们关注的重点。

尚未完成？

这幅画作并没有署名。它是否已经绘制完毕成为了一个疑问。其中所表现的笔触笼统而“粗鲁”，但这是这位艺术家晚期的标志性风格：某些局部中，他甚至在厚厚的颜料尚未干透时就在上面直接留下了痕迹。

“伦勃朗”是怎样炼成的？

伦勃朗在最初并非被称为伦勃朗。评论家们猜测，随着他的名声和自信双双增长，他才开始使用全名签署作品。同时，可能也正是因为他作品的价值不断攀升，他必须拥有一个更具识别度的签名，使他的作品更容易被辨别出来。

1625－1629

他的作品不是用单独的“R”，就是用连体字母缩写“RH”（Rembrandt Harmenszoon）或“RL”（Rembrandt Leydensis － Rembrandt of Leiden）签署的。

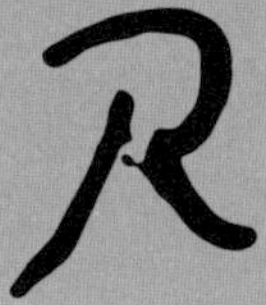

1630－1631

单独的大写字母发展为了更为复杂的字母组合。在“R”和“L”两个字母之间的横杠表示“H”——因此这个组合的全称就是Rembrandt Harmenszoon Leydensis。

1632

他的姓氏或父亲的名字——“RHL—van Rijn ”被加入了字母组合中，并加入了一条横线作为与前半部分的分隔。

1632－1633

原先的字母组合被“Rembrant·ft”所代替，意为“伦勃朗作”。

1633－1669

署名全称变为“Rembrandt”，并在“n”和“t”之间加入了一个字母“d”。这是他最为成熟的签名，一直被延续使用直至他过世。

伦勃朗·凡·莱因

04
遗产

“他可以融合现实与神秘、兽性与神性。在这一点上，无人得以望其项背…… 他所创造的画作第一次展现出了坠入深不可测的孤独时的感受。”

——保罗·瓦列里，诗人和散文家，1935年

评论家们的选择

卡尔·马克思曾洞若观火地指出：“伦勃朗用一位荷兰农妇的形象描绘出了圣母。”无论真假与否，这种说法都很好地与伦勃朗所受到的早期评论作出了区别。他在事业刚起步的时候就受到了赞美，直到他过世后不久，时新的新古典主义者们嘲笑他所塑造的人物过于粗野和世俗，他的美名才逐渐被人们遗忘。然而就在几十年后，他高超的艺术成就再次得到了充分认可，此后便一直备受青睐。

在他年轻时……

“伦勃朗……喜欢致力于小幅画作，并聚精会神于其中。这一点哪怕是在其他艺术家们最大幅的作品中，都无迹可寻。”

——康斯坦丁·惠更斯，
评论22岁时的伦勃朗，
1628年

当他去世后……

“只有大字不识的人才会尝试为他的人物裹上臃肿而笨拙的深色衣服，真正的艺术家们会用一目了然的方式来构建人物所处的环境……”

——亚伯拉罕·勃鲁盖尔，
艺术家和早期评论家，
1670年

“（伦勃朗）在成长过程中一直持续凝视着缓慢行进的自然。他所认知到的真实总是那么的超前，以至于他甚至来不及将此实践到画作中。”

——德皮勒·皮尔斯，法国早期传记作家，1699年

“他是生命与人类灵魂的画师。”

——卡雷尔·伏斯梅尔，评论家和诗人，1868年

“人们终有一天会发现，伦勃朗是一位与拉斐尔齐肩的伟大画家。”

——欧根·德拉克洛瓦，艺术家，1851年

“从某个角度而言，维米尔和伦勃朗二者正好相反。但是我认为，伦勃朗在其中是更为伟大的艺术家，因为他在画中所展现的内容比维米尔的更多。在人物脸庞的刻画上，伦勃朗比从古至今任何一位画家都灌注了更多的心血，因为他从现实中提取到了更多内容。”

——大卫·霍克尼，艺术家，2016年

“伦勃朗在绘画中所展现的精神层面上的真实性超越了以往任何一位艺术家。诚然，这些作品从纯粹的绘画层面而言也不愧为杰作。”

——肯尼斯·克拉克，艺术史学家和艺术评论家，《文明》，1969年

打破纪录者：伦勃朗的作品销售

任何一位艺术拍卖师都会告诉你，艺术永远不会成为一项百分之百安全的投资。艺术的时尚潮流一波未平，一波又起，人们的价值判断也随之而变。尽管如此，如果你有意于投资这些古典大师之作，下注于伦勃朗的画作会是最为保险的选择。这么做唯一的不足之处是伦勃朗的画作不常出现在市场上，尤其是那些他在晚年创作的少量作品。它们一旦出现在市场上，就要价高昂甚至价值连城。

14 这是现今仍然存于私人收藏中的伦勃朗画作的估计数量。

2000

《一位62岁的女士的画像》
伦勃朗·凡·莱因
布面油画，1632年
29英寸×22英寸
（74厘米×55厘米）

1980万英镑/2900万美元

2009

《双手叉腰的一位男士的画像》
伦勃朗·凡·莱因
布面油画，1658年
42英寸×34英寸
（107厘米×87厘米）

2020万英镑/3320万美元

2016

《马尔丹·索曼斯肖像》
伦勃朗·凡·莱因
布面油画，1634
82英寸×53英寸
（208厘米×132厘米）

《奥普金·考普特肖像》
伦勃朗·凡·莱因
布面油画，1634
82英寸 x 53 英寸
（208厘米 x 132 厘米）

1亿6000万欧元/1亿7000万美金（一组）

这组索曼斯和考普特的肖像画打破了古典大师作品在拍卖行的最高成交价。这项纪录此前由彼得·保罗·鲁本斯的作品《对无辜者的屠杀》所保持，它在2002年时的交易价达到了4950万英镑。那么又是谁创造了这一打破纪录的天价？这两幅肖像画被巴黎卢浮宫和荷兰国立博物馆从它们原先的所有者埃理克·德·罗斯柴尔德手中拍下。根据协议，这组画作将在两个博物馆内交替进行展览，但始终保持两者同时展出。

这两幅画作从1878年开始就为罗斯柴尔德家族所有，在1956年之后便从未进行过公开展出。它们将在两家博物馆间辗转陈列，艺术史学家们对此表示担忧，因为这并不利于画作的保护。

是否出现过低价？

伦勃朗的作品是否也出现过所谓的“便宜货”呢？在2015年，奈尔公司的新泽西拍卖行就出现了这样的一幅作品。

拍卖图录中对此的形容：

“19世纪‘欧洲大陆画派’，《有一位女士晕厥的三人肖像》。”它在出售后被发现是伦勃朗系列画作《五感》中的《嗅觉》。这幅画是他在青少年时期创作的，当时他仍在彼得·拉斯特曼的画室里工作。

曾被估价为……

800美元

它受到了一些竞拍者的关注，最终出售价格为……

87万美元

寻找伦勃朗

伦勃朗的自画像声名远扬，但由他创造的苍穹中远不止这一颗星星。他以圣经和神话为题材的画作令人一目了然，而其他种类的肖像画则展现了17世纪时那个生机勃勃的阿姆斯特丹。罗列于此的是位于欧洲和美国的一些博物馆和美术馆，它们可以为此提供许多优秀的案例。这些画作中包括了两幅十分知名、最终却被判定非伦勃朗所作的油画。

美国

纽约大都会博物馆藏有：
《赫尔曼·杜默尔肖像》，1640年
《亚里士多德对荷马的头作冥想》，1653年
《花神》，约1654年

曼哈顿弗利克美术馆藏有：
《波兰骑士》，约1655年
（创作者存疑，并且有一个十分出色的故事与此相关）

华盛顿美国国家艺术馆藏有：
《艺术家的妻子——莎斯姬亚·凡·优伦堡》,约完成于1638—1640年
《磨坊》,约1645—1648年
《卢克蕾提亚》，1664年

英国

伦敦国家美术馆藏有：
《克莱斯德肖像》，约1634年
《穿阿尔卡笛亚服装的莎斯姬亚·凡·优伦堡》，1635年
《伯沙撒的盛宴》，约1636—1638年

华莱士博物馆藏有：
《吉恩·佩里科耐》，约1632年
《吉恩·佩里科耐的妻子苏珊娜·凡·科伦以及她的女儿安娜》，约1632年

爱丁堡苏格兰国立美术馆藏有：
《在床上的女人》，约1647年

爱尔兰

都柏林爱尔兰国家美术馆藏有：
《逃往埃及的途中休息时的风景》，1647年

法国

巴黎卢浮宫博物馆藏有：
《以马忤斯的晚餐》，1648年
《沐浴的拔示巴》，1654年
《被宰杀的牛》，1655年
《圣·马泰与天使》，约1661年

荷兰

阿姆斯特丹荷兰国立博物馆藏有:
《夜巡》,1642年
《阿姆斯特丹布商行会的抽样官员们》,
1662 年
《一对装扮为以撒和利百加的夫妇肖像》,
又被称为《犹太新娘》,约1665年

海牙莫瑞泰斯皇家美术馆藏有:
《尼古拉斯·杜普医生的解剖学课》,
约1632年

瑞士

巴塞尔艺术博物馆藏有:
《大卫向扫罗王展示哥利亚的头颅》,1627年

意大利

弗洛伦萨乌菲齐美术馆藏有:
《老者像》,约1665年

西班牙

马德里普拉多博物馆藏有:
《朱迪丝刺杀荷罗孚尼》,1634年

俄罗斯

圣彼得堡艾尔米塔什博物馆藏有:
《基督下十字架》1634年
《花神》,1634年
《达娜厄》,1636年
《红衣男子像》,约1652—1654年

德国

柏林葛玛德画廊藏有:
《书房中的女神密涅瓦》,约1631年
《门诺派传道士及他妻子的双人像》,
1641年
《托比特和带小羊的安娜》,1645年
《苏珊娜和长老》,1647年
《波提乏之妻诬告约瑟》,1655年

该画廊同时还藏有备受争议的《戴金盔的男子》(约1650年),现在被认为是伦勃朗圈内的人所作,而非这位画家本人的作品。

德累斯顿国立艺术收藏馆藏有:
《伽倪墨得斯被掳走》,1635年

慕尼黑老绘画陈列馆 藏有:
《基督下十字架》,约1632—1633年
《基督上十字架》,约1633年
《圣家族》,约1634年
《基督升天》,1636年
《基督复活》,1639年

17世纪20年代

自画像
伦勃朗·凡·莱因
板面油画，约1628年
9英寸 x 7 英寸（23厘米x 19厘米）
荷兰国立博物馆，阿姆斯特丹

17世纪30年代

自画像
伦勃朗·凡·莱因
铜板油画，1630年
6英寸 x 5 英寸（16厘米 x 12厘米）
国家博物馆，斯德哥尔摩

识别伦勃朗

伦勃朗并不是一个经常旅行的人；在阿姆斯特丹住下后，他大部分时间都未曾离开过这座城市。现在，这位艺术家的自画像尽管来到了比他生前所至的更远的地方，我们依然能够一眼就认出他。由于对画作的鉴定结果时有波动，想要精确计算出他的自画像数量是件十分困难的事。我们只能得知，他共计约有50幅自画像，创作时间跨越了50年。在此的5幅作品都为公共机构所收藏，可以带领观众们了解这位画家从青年到老年的岁月。

17世纪40年代

戴贝雷帽和两条金链的自画像
伦勃朗·凡·莱因
板面油画，约1642年
28 英寸x 22英寸（72厘米x 55厘米）
提森一博内米撒艺术博物馆，马德里

17世纪50年代

自画像
伦勃朗·凡·莱因
布面油画，1659年
33 英寸x 26英寸（85厘米 x 66厘米）
美国国家艺术馆，华盛顿

17世纪60年代

有两个圆圈的自画像
伦勃朗·凡·莱因
布面油画，约1665年
45 英寸x 37英寸（114厘米 x 94 厘米）
肯伍德府，伦敦

塑造伦勃朗

对于导演们来说，伦勃朗跌宕起伏的一生有着如同猫薄荷一般的吸引力，因此他们制造出了不同的作品。由亚历山大·柯尔达导演、查尔斯·劳顿出演的那部杰作几乎受到了每个人的欢迎，而其他的一些作品也值得被发掘。以下所列的最后一项——并不是一部电影，而是一部漫画小说——可能是所有这些作品里最为生动的再现。在这部笑中带泪的传记里，泰佩斯用轻佻却生动的插画展现了伦勃朗的真实灵魂。

01 《荷兰大师的悲剧》
1920年，亚瑟·古恩斯伯格

这是一部真正的珍品——它是制造于德国的无声古装电影，把伦勃朗描绘为画家中的革命者。它虽然不常被放映，但绝对值回票价。如果你周边的艺术影院或电影节中有这部电影的话，就立刻去观赏吧！

02 《伦勃朗》
1936年，亚历山大·柯尔达

片中叙述了莎斯姬亚去世之后的故事。
尔斯·劳顿在其中塑造了一个独特的伦
朗，并且使用了别具一格的表现手法一
时而带有夸张的戏剧色彩。劳顿在现实
的妻子爱尔莎·兰切斯特在片中所饰演的
德里克耶表现得娇羞而腼腆。

03 《伦勃朗的1669》

1977年，乔斯·斯德林

这是一部通过实验性的方法讨论伦勃朗一生的荷兰电影作品。它尝试着脱离叙事结构，用另一种手法来表现伦勃朗。刚开始放映时，它的评价褒贬不一。今天看来，它与柯尔达所拍摄的版本有所类似，都属于年代剧。

04 《夜巡》

2007年，彼得·格林纳威

电影《画师的合约》的爱好者们在发现格林纳威将画作《夜巡》中的故事改编为一部戏剧性推理电影的时候，或许并不会感到意外。在这个融合了生动性和戏剧性的故事中，由马丁·弗瑞曼扮演的主角带领着观众们……

05 《伦勃朗之我控诉》

2008年，彼得·格林纳威

画作《夜巡》又一次被搬上大荧幕。这是格林纳威早期拍摄的电影的纪实版，在其中对这幅画作进行了深入分析。但是，或许只有格林纳威真正的爱好者们才可以领略到其中的魅力。

06 《伦勃朗与我》

2011年，由玛琳·格里斯创作

这是由四个单元构成的一部荷兰迷你剧，由伦勃朗身边最为亲密的人的角度展开，进行探索——各集分别聚焦于扬·列文斯、莎斯姬亚，科瓦特·富林克，以及伦勃朗的女儿科妮莉亚的视角，呈现了这位画家一生中四个不同的时期。

07 《伦勃朗》

2013年，雷蒙德·库特

这并不是一部电影，却和一部电影一样的出色，甚至是优于后者。库特，又名泰佩斯，是一位知名的荷兰漫画家。这部漫画小说是为纪念荷兰国立博物馆历时10年整修完毕后的重新开放而作的，记录了伦勃朗一生中的某一个片段，可谓是一种十分有意义的庆祝方式。该内容生动而充满活力，每一帧画面都被渲染上了浓郁的氛围。

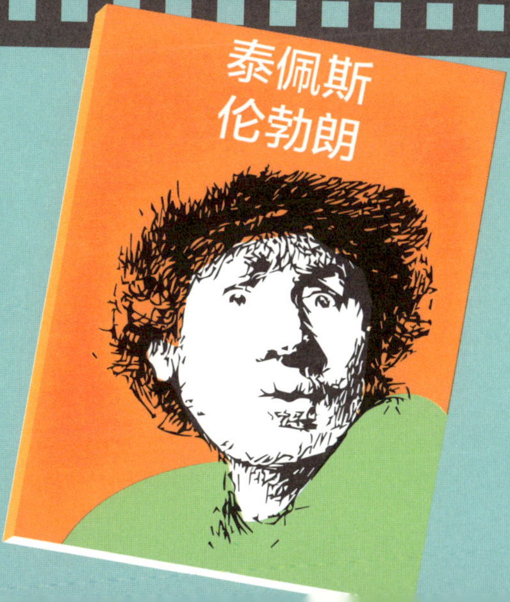

伦勃朗的关键词

《尼古拉斯·杜普医生的解剖学课》

巴洛克

人性

《犹太新娘》

资产阶级

拔示巴

阿姆斯特丹

弗兰斯·班宁·库克

古典大师

圣卢克行会

莎斯姬亚

伦勃朗

瘟疫

莱顿

赞助人

民兵

观察者

交易

藤黄

鲁本斯

荷兰画

立体盲

奢侈

老师

革命者

财产清单

亨德里克耶

起源

蚀刻版画

土质颜料

格里特·德奥

自画像

阿姆斯特丹市政厅

历史题材画

财富

拉丁文学校

《夜巡》

破产

磨坊主的儿子

委托

《一百荷兰盾版画》

罗真拉夏特

天才

学生

老教堂

调色板

画室

女继承人

历史题材画

扬·列文斯

收藏家

租赁坟墓

团体肖像画

油画颜料

超支

成功

明暗对照法

荷兰共和国

盗取伦勃朗的作品

根据国际失踪艺术品记录组织于2012年发布的信息，伦勃朗在“十大最易被盗作品的艺术家”中排名第九，共计发生过337起盗窃案件。但是，这个数字还是远远低于毕加索、达利，甚至是安迪·沃霍。当然，这可能是因为伦勃朗的作品数量较少而导致的。

五大失窃案例

地点　伍斯特艺术博物馆，波士顿

年份　1972

作品/细节

《圣·巴托罗缪》

同时被盗的还有两件高更的作品和一件毕加索的作品。这是世界上第一例持枪抢劫博物馆的案件。

一个月后在罗得岛养猪场的干草棚内被发现。

已找回!

地点　塔夫特艺术博物馆，辛辛那提

年份　1973

已找回!

作品/细节

《老妇肖像》

《倚靠在窗台上的男子》

赎金：100000美元

赎金被追回99976美元

窃贼们用剩下的24美元购买了快餐。

在一周后被找回。窃贼们偷走的是这栋建筑物所存的伦勃朗画作中价值最低的一幅。由于此画尺幅巨大，他们可能就此判断它必定比其他作品更为昂贵。最近的一次鉴定表明，这件作品最有可能是伦勃朗的学生或效仿者的作品，而非画家本人所作，这一点更是加深了这起偷盗案的讽刺意味。

地点

伊莎贝拉嘉纳艺术博物馆，波士顿

年份

1990

尚未找回！

作品/细节

《在加利利海上遇到风暴的基督》

13件作品的总价估算：

5亿美元以上

同时被盗的还有其他几件艺术品，其中一件来自维米尔，一件来自马奈，若干件素描来自德加，还有一张比大号邮票还小的蚀刻版画是伦勃朗的自画像。这几件艺术品自此再也没有出现，它们的画框仍然孤寂地悬挂在博物馆走廊的墙上。

地点

国立博物馆，斯德哥尔摩

年份

2000

已找回！

作品/细节

《自画像》

同时失窃的还有两幅雷诺阿的作品。窃贼们在使用枪支进行威胁的情况下，将这些艺术品运上快艇后离开——十分具有007的风格。这些画作随后于2005年9月在哥本哈根被找回。

地点

达利奇美术馆，伦敦

年份

1966, 1973, 1981 & 1983

作品/细节

《雅各布·德·吉恩三世肖像》

现在估价：

1300百万美元以上

已找回！

又被称为“外带伦勃朗”，是伦勃朗所有作品中被偷窃次数最多的一件，前后失而复得共计4次。

被盗4次！

如何为伦勃朗创造“新作”

伦勃朗在1669年就去世了，那么他的新作品又如何能够在2016年4月被揭幕呢？最新一项名为“下一个伦勃朗”的技术实验汇集了来自微软、代尔夫特理工大学、莫瑞泰斯皇家美术馆和伦勃朗故居博物馆的人员，用计算机程序对伦勃朗的作品进行了分析。之后，他们制作了一个可以帮助伦勃朗创造“新作”的“配方”：一个完全由电脑软件生成的三维画作图片。

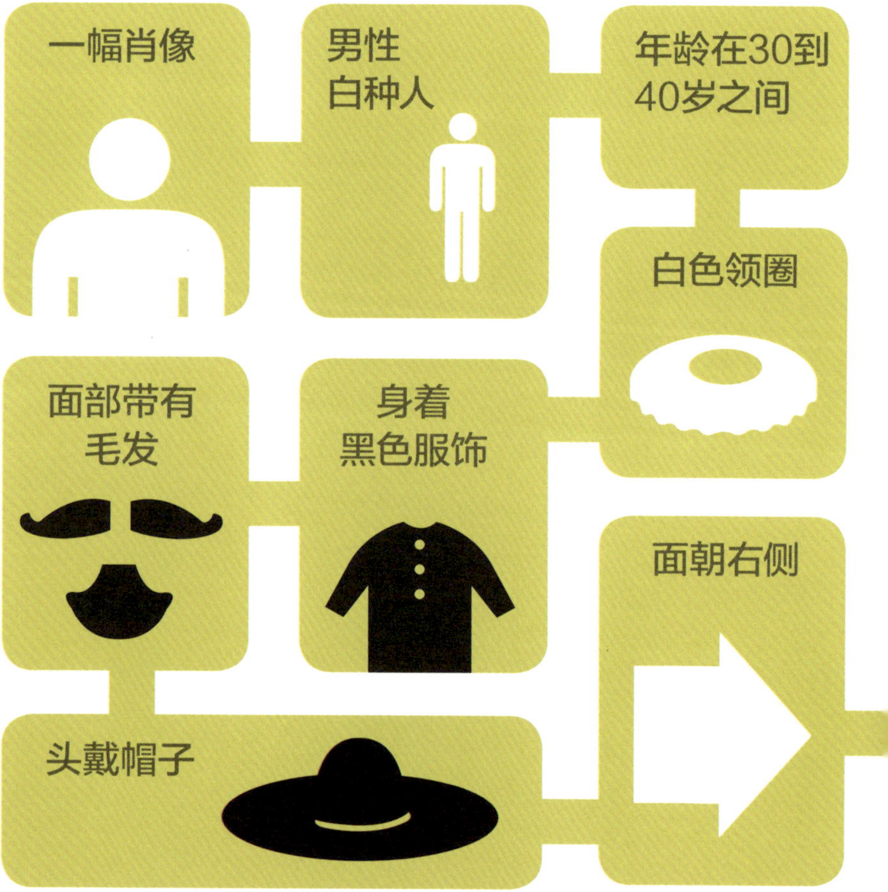

该程序需要

18

个月的时间来完成一幅伦勃朗的“新作”。

作品中包含了超过

1亿4800万

个像素。

它所参照的样本来自

168263

个伦勃朗原作中的局部。

小传

莎斯姬亚·凡·优伦堡
（1612—1642）

这对夫妻于1634年成婚，两人过着奢侈的生活——莎斯姬亚常常为这位画家担任模特——直到她在年仅29岁时去世的时候，这样的日子共计持续了8年。她生下了4个孩子，但是其中只有提图斯被顺利抚养成人。

康斯坦丁·惠更斯
（1596—1687）

一个身兼数职的全才——他的身份包括了外交官、学者、诗人和科学家，并且还是弗雷德里克·亨利克王子位于海牙的秘书。惠更斯是伦勃朗首位重要的赞助人。

扬·列文斯
（1607—1674）

和伦勃朗同为彼得·拉斯特曼画室中的学徒。两人在之后共有一个工作室，直到伦勃朗前往阿姆斯特丹、列文斯远赴英国为止。伦勃朗在进行破产清算时，收藏中仍有列文斯的作品。

提图斯·凡·莱因
（1641—1668）

伦勃朗和莎斯姬亚唯一顺利存活下来了的孩子。在伦勃朗宣布破产后，提图斯为了照顾父亲的利益，和亨德里克耶共同成立了一家公司。1668年，他和玛格达列娜·凡·罗成婚，但是在婚后几个月便去世了。

彼得·拉斯特曼
（1583—1633）

拉斯特曼出生于阿姆斯特丹，曾在意大利进行了为期3年的学习，并深受卡拉瓦乔画作的影响。他对这位画家的崇拜可能也传染给了他的学生们，其中就包括了伦勃朗。

扬·斯克思
（1618—1700）

出生富裕的斯克思是伦勃朗的长期伙伴兼赞助人，在晚年时成为了阿姆斯特丹市市长。他是伦勃朗的著名画作《尼古拉斯·杜普医生的解剖学课》中尼古拉斯·杜普医生的女婿。

科妮莉亚·凡·莱因（1654—1684）

伦勃朗和亨德里克耶所生的女儿。在伦勃朗宣告破产之后，伦勃朗的朋友——画家克里斯蒂安·达萨特被任命为她的监护人。1670年，她嫁给了科内利斯·塞特夫，这对夫妇共同移居到了位于印度尼西亚的巴达维亚。

吉尔蒂·迪克斯（约1605/1610—约1656）

她被雇佣照看提图斯以及伦勃朗的房子，并很快成为了这位画家的情妇。当她的地位被亨德里克耶·施托费尔斯取代之后，她以失守诺言为由起诉了伦勃朗。伦勃朗承诺将她带到位于豪达的spinhuis或感化院。她在此居住了5年。

亨德里克耶·施托费尔斯（1626—1663）

她在1646年左右来到了伦勃朗家中。她取代吉尔蒂·迪克斯成为了家中的女主人，并且在去世前一直陪伴着伦勃朗。她常常担任伦勃朗的模特，并被认为是其画作中所描绘的拔示巴的原型。

弗兰斯·班宁·库克（1605—1655）

身为继承人的他有一位富有的父亲，同时也是阿姆斯特丹有名的花花公子。班宁·库克是伦勃朗的画作《夜巡》里装扮时髦的中心人物。

亨德里克·凡·优伦堡（约1587—1661）

亨德里克·凡·优伦堡在幼年就移民到波兰，并开始接受专业的绘画训练。在1625年返回荷兰共和国之前，他曾为波兰国王购买过艺术品。之后，他作为一位成功的商人经营着一家业务繁忙的画室，伦勃朗曾在这里担任过首席油画家。

格里特·德奥（1613—1675）

他是伦勃朗的第一个学生，从14岁开始在伦勃朗手下进行了为期3年的学习。之后，他在商业上获得了成功，专攻小而精细的风俗画，作画风格与他的老师大相庭径。

家庭　艺术家　资助者　经销商

伦勃朗的调色板

伦勃朗习惯性使用的15种（或以上）颜料，同时他也混合这些颜料来丰富画面效果。

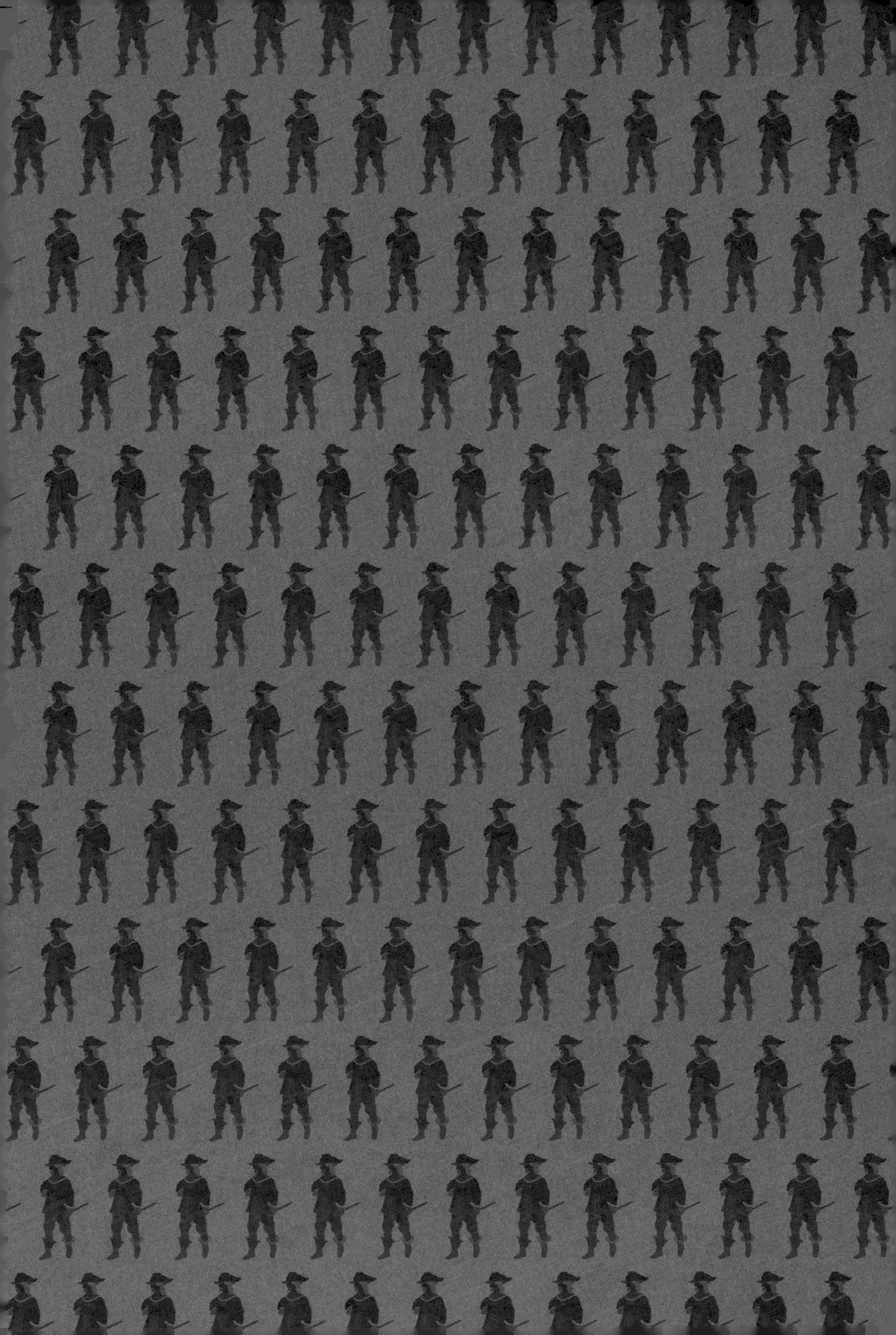

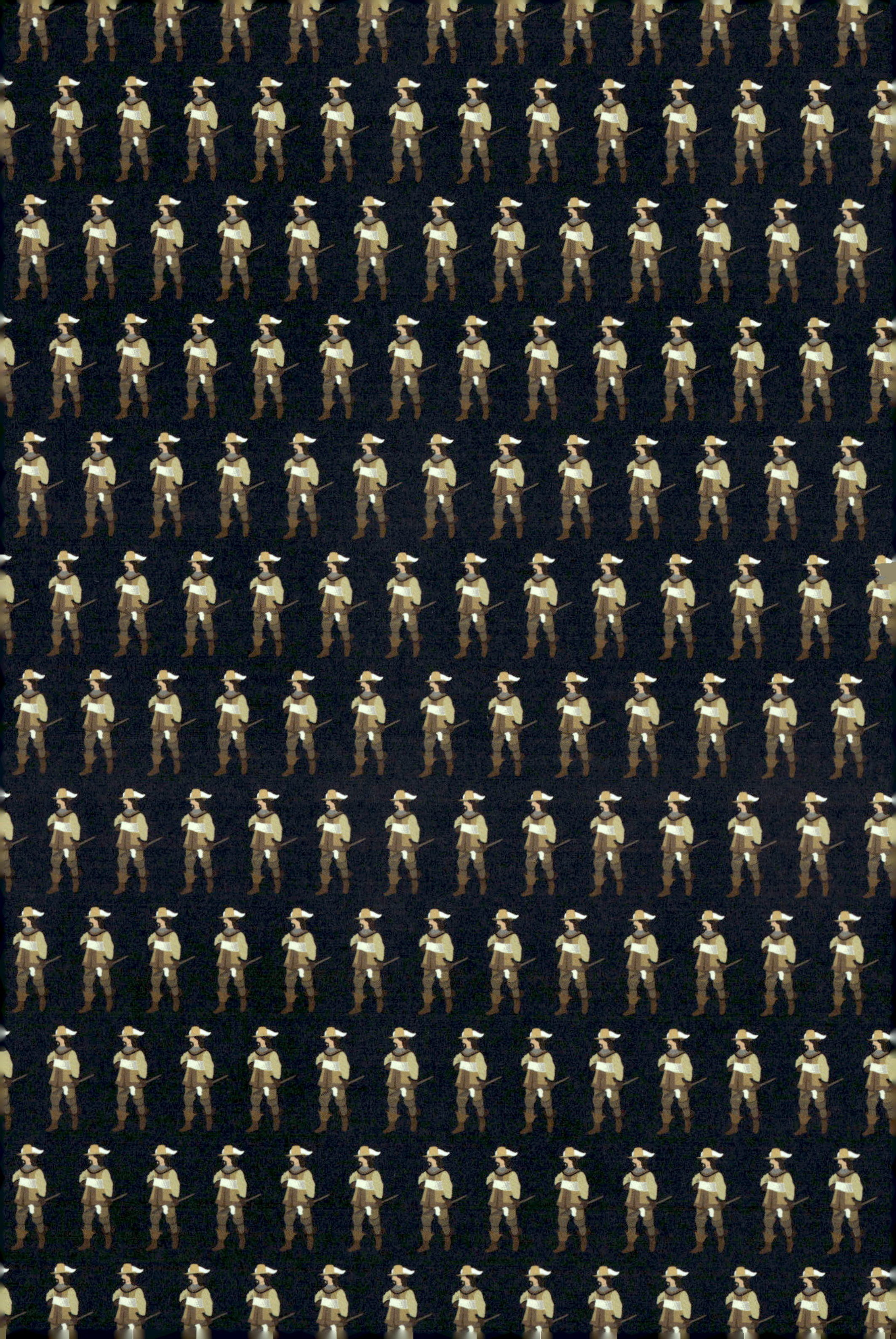